NIVEL 6

COLECCIÓN **LEER EN ESPAÑOL**

El Señor Presidente

Miguel Ángel Asturias

SANTILLANA
ESPAÑOL

Universidad
de Salamanca

La colección LEER EN ESPAÑOL ha sido concebida,
creada y diseñada por el Departamento de Idiomas
de Santillana Educación, S. L.

La adaptación de la obra *El Señor Presidente*, de Miguel Ángel Asturias, para el Nivel 6 de esta colección, es de Eduardo Theirs Whitton.

Edición 1995
Coordinación editorial: Elena Moreno
Dirección editorial: Silvia Courtier

Edición 2008
Dirección y coordinación del proyecto: Aurora Martín de Santa Olalla
Edición: Begoña Pego

Edición 2010
Dirección y coordinación del proyecto: Aurora Martín de Santa Olalla
Actividades: Lidia Lozano
Edición: Mercedes Fontecha, M.ª Antonia Oliva

Dirección de arte: José Crespo
Proyecto gráfico: Carrió/Sánchez/Lacasta
Ilustración: Jorge Fabián González
Jefa de proyecto: Rosa Marín
Coordinación de ilustración: Carlos Aguilera
Jefe de desarrollo de proyecto: Javier Tejeda
Desarrollo gráfico: Rosa Barriga, José Luis García, Raúl de Andrés
Dirección técnica: Ángel García
Coordinación técnica: Lourdes Román
Confección y montaje: María Delgado, Antonio Díaz
Cartografía: José Luis Gil, Belén Hernández, José Manuel Solano
Corrección: Gerardo Z. García, Nuria del Peso, Cristina Durán
Documentación y selección de fotografías: Mercedes Barcenilla
Fotografías: F. Díaz; FOTONONSTOP; HIGHRES PRESS STOCK/AbleStock.com; SEIS X SEIS; ARCHIVO SANTILLANA

Grabaciones: Textodirecto

© Herederos de Miguel Ángel Asturias

© 1995 by Universidad de Salamanca y Grupo Santillana de Ediciones, S. A.

© 2008 Santillana Educación

© 2010 Santillana Educación
Torrelaguna, 60. 28043 Madrid

Aunque se hayan tomado todas las medidas para identificar y contactar a los titulares de los derechos de autor de los materiales reproducidos en esta obra, no siempre ha sido posible. La editorial se dispone a rectificar cualquier error de esta naturaleza siempre y cuando se lo notifiquen.

Embora todas as medidas tenham sido tomadas para identificar e contatar os titulares dos direitos autorais sobre os materiais reproduzidos nesta obra, isto nem sempre foi possível. A editora estará pronta a retificar quaisquer erros desta natureza assim que notificada.

Dados Internacionais de Catalogação na Publicação (CIP)
(Câmara Brasileira do Livro, SP, Brasil)

Asturias, Miguel Ángel, 1899-1974.
    El Señor Presidente / Miguel Ángel Asturias. —
São Paulo: Moderna, 2013. — (Colección Leer
en Español)

    1. Ficção guatemalteca I. Título. II. Série.

13-13477   CDD-g863

Índices para catálogo sistemático:
    1. Ficção : Literatura guatemalteca g863

En coedición con Ediciones de la Universidad de Salamanca

ISBN: 978-85-16-09142-2

CP: 161349

Reprodução proibida. Art. 184 do Código Penal e Lei 9.610 de 19 de fevereiro de 1998.

Reservados todos los derechos.

SANTILLANA ESPAÑOL
EDITORA MODERNA LTDA.
Rua Padre Adelino, 758 — Belenzinho
São Paulo — SP — Brasil — CEP 03303-904
Central de atendimento ao usuário: 0800 771 8181
www.santillana.com.br
2018
                 Impressão: PSI7
Impresso no Brasil   Lote: 263666

Quedan rigurosamente prohibidas, sin la autorización escrita de los titulares del «Copyright», bajo las sanciones establecidas en las leyes, la reproducción total o parcial de esta obra por cualquier medio o procedimiento, comprendidos la reprografía y el tratamiento informático, y la distribución de ejemplares de ella mediante alquiler o préstamo públicos.

Miguel Ángel Asturias (1899-1974) nació en la ciudad de Guatemala. Tras licenciarse en Derecho, viajó a París, donde entró en contacto con Picasso, Braque, Vallejo, Unamuno, Carpentier, Pellicer, Valéry y los poetas surrealistas franceses.

Entre la actividad diplomática y la práctica literaria a las que dedicó su vida, Asturias mantuvo siempre un firme compromiso con las libertades, defendiendo su intención social con toda valentía. Sus obras, Leyendas de Guatemala *(1930),* Hombres de maíz *(1949),* El Papa verde *(1954),* Los ojos de los enterrados *(1960), entre otras muchas, recogen, con un lenguaje exuberante y lleno de lirismo, los temas de la realidad americana: las costumbres de los primeros habitantes de Guatemala –los mayas–, las terribles consecuencias de los monopolios comerciales sobre la vida indígena y la denuncia de las dictaduras latinoamericanas.*

Como consecuencia de su labor, tanto política como literaria, en 1966, recibió el Premio Lenin de la Paz y al año siguiente, el Premio Nobel de Literatura.

El Señor Presidente, *publicada en 1946 e inspirada en la figura del dictador guatemalteco Estrada Cabrera, es la novela de la deformación satírica del poder político. Caricatura, burla y poesía se confunden aquí para hacer de una cualquiera de las dictaduras americanas todo un símbolo universal.*

LA LENGUA EN *EL SEÑOR PRESIDENTE*

RASGOS PROPIOS DEL ESPAÑOL DE AMÉRICA CENTRAL

Estos van señalados en el texto con un asterisco (*).

– A nivel léxico, empleo de americanismos.

– Pérdida del uso de *vosotros* y de la segunda persona del plural, reemplazada por *ustedes* y el verbo en tercera persona: *ustedes tienen* en lugar de *vosotros tenéis*. Este uso tiene como consecuencia la confusión entre familiaridad y cortesía: *ustedes tienen* es tanto el plural de *tú tienes* como de *usted tiene*.

– En lugar de *tú* se usa el pronombre *vos*, con función de sujeto y después de las preposiciones: *vos decís* en vez de *tú dices*; *para vos, con vos* en vez de *para ti, contigo*.

– Para los verbos en presente de indicativo y de subjuntivo, las formas utilizadas con *vos* son las de la segunda persona del plural, con pérdida de la *i* en el caso de los verbos terminados en *-ar* y en *-er*, y también de los verbos irregulares: *tomás* en vez de *tomáis, querés* en vez de *queréis; sos* en vez de *sois*. En el caso de los verbos en *-ir*, la forma verbal no sufre alteración: *vivís*.

En imperativo, las formas con *vos* son también las de la segunda persona del plural, pero con pérdida de la *d* final y acentuación de la última vocal: *contá* por *contad, comé* por *comed, vení* por *venid*.

RASGOS PROPIOS DEL HABLA POPULAR

Estos van señalados en el texto con dos asteriscos (**).

– Pérdida de la *-d* final: *verdá, usté, paré, autoridá*.

– Pérdida de la *-r-* intervocálica: *pa* en vez de *para*.

– Apócope ante una vocal: *de acún rato* por *de acá a un rato*.

– Paso de *e* átona a *i* por vacilación del timbre de la vocal: *sigún* en vez de *según; siñor* en vez de *señor*.

– Aspiración de la *f-* inicial de los tiempos pasados del verbo *ir*: *jui* en vez de *fui, jue* en vez de *fue, juera* en vez de *fuera*.

– Conservación de formas arcaizantes: *yo veyo* en vez de *yo veo, yo vide* en vez de *vi*.

4

I

EN EL PORTAL DEL SEÑOR

LOS mendigos[1] se arrastraban por los alrededores del mercado, perdidos en la sombra de la Catedral helada, de paso hacia la Plaza de Armas.

La noche los reunía al mismo tiempo que a las estrellas. Se juntaban a dormir en el Portal del Señor sin más razón que el ser los más pobres. Se acostaban separados, sin quitarse la ropa, y dormían como ladrones, con la cabeza sobre la bolsa de sus riquezas: restos de carne, zapatos rotos, montoncitos de arroz cocido envueltos en periódicos viejos.

En las escaleras del Portal se los veía, protegidos por la pared, contar el dinero, hablar a solas y comerse a escondidas trozos de pan duro. No se supo nunca que se ayudaran entre ellos; tacaños, como todo mendigo, preferían dar los restos a los animales antes que a sus propios compañeros.

Después de haber comido, y con el dinero en un pañuelo atado al cinturón, se tiraban al suelo y caían en sueños tristes y violentos. A veces, cuando mejor estaban, los despertaban los gritos de un idiota que se sentía perdido en la Plaza de Armas. A veces, los pasos de los policías que, a golpes, arrastraban a un preso político, seguido

El Señor Presidente

de mujeres que limpiaban los rastros de sangre con los pañuelos mojados en lágrimas[2]. Pero el grito del idiota era el más triste. Partía el cielo. Era un grito largo, sin nada de humano. Los domingos caía en medio de aquella sociedad extraña un borracho que, dormido, llamaba a su madre llorando como un niño. Al oír el idiota la palabra «madre», se ponía de pie, volvía a mirar a todos los rincones del Portal y después de despertarse bien y despertar a los demás con sus gritos, lloraba de miedo juntando sus lágrimas a las del borracho.

Uno de los mendigos, grosero y bruto, empezó algunas noches a hacer lo mismo que el borracho. El Pelele[3] –así llamaban al idiota–, que dormido parecía estar muerto, volvía a la vida a cada grito sin fijarse en los bultos envueltos por el suelo en pedazos de manta que, al verlo medio loco, repartían palabras de mal gusto y risas horribles. Con la mirada lejos de las feas caras de sus compañeros, sin ver nada, sin oír nada, cansado de llorar, se quedaba dormido. Pero, otra vez, la voz desagradable lo despertaba:

–¡Madre!...

Contado por los mendigos, toda la gente del pueblo supo que el Pelele se volvía loco al oír hablar de su madre. Calles, plazas y mercados recorría el idiota queriendo escapar de aquellos que a todas horas le gritaban la palabra «madre». Entraba en las casas en busca de refugio, pero de las casas lo sacaban los perros o los criados. Lo echaban de las iglesias, de las tiendas, de todas partes, sin considerar su terrible dolor de animal herido ni sus ojos que pedían perdón.

De uno de los barrios pobres, subió el Pelele hacia el Portal del Señor un día como hoy, herido en la frente, sin sombrero, arrastrando un trapo viejo que le colgaron por detrás. Le asustaban las sombras en las paredes, los pasos de los perros, las hojas que caían de los árboles... Cuando llegó, casi de noche, los mendigos contaban una y otra vez las monedas del día. El idiota cayó medio muerto; llevaba

6

noches y noches de no poder dormir, días y días de escapar de todo el mundo. Los mendigos callaban, atentos a los pasos de los policías que, en las ventanas de la cárcel, protegían la paz del Presidente de la República[4].

Por el Portal del Señor surgió una sombra. Los mendigos se agacharon hasta hacerse tan pequeños como insectos. Al ruido de las botas militares respondía el grito de un pájaro en la noche oscura.

La sombra se detuvo —la risa le tapaba la cara—, acercándose al idiota y, en broma, le gritó:

—¡Madre!

No dijo más. Arrancado del suelo por el grito, el Pelele se le echó encima. Y, sin darle tiempo a usar sus armas, le enterró los dedos en los ojos y lo golpeó brutalmente hasta dejarlo tirado en el suelo.

Una fuerza ciega acababa de quitar la vida al coronel[5] José Parrales Sonriente. Estaba amaneciendo[6].

II

LA MUERTE DEL CIEGO

EL sol bañaba los tejados de la Comisaría de Policía. Pasaban por la calle algunas personas y se veía alguna puerta abierta. Los mendigos que llevaban presos pasaban directamente a una de «Las Tres Marías», una bartolina* estrechísima y oscura; llegaban allí, donde muchos otros habían sufrido hambre y sed hasta la muerte. Las lágrimas les caían por la cara y sentían que la oscuridad no se les iba a quitar nunca más de los ojos.

Quién sabe a qué hora los sacaron del cuarto. Se trataba de resolver un crimen político, según les dijo un hombre gordo, de bigotes cuidados sobre los labios gruesos. Con voz enérgica les preguntó si alguno de ellos conocía al culpable o culpables de la muerte de un coronel del Ejército.

La respuesta increíble de los mendigos hizo saltar de su asiento al Auditor de Guerra[7].

–¡Me van a decir la verdad! –gritó con mirada de animal agresivo, después de dar un puñetazo sobre la mesa.

---

* Los americanismos que aparecen en esta adaptación de *El Señor Presidente* van señalados en el texto con un asterisco (*) y se recogen en el «Glosario de americanismos» de las páginas 124-126.

Uno por uno repitieron aquellos que el culpable del crimen del Portal del Señor era el Pelele, contando con voz débil los detalles de los que habían sido testigos.

A una orden del Auditor, los policías que esperaban en la puerta corrieron a golpear a los mendigos, empujándolos hacia una sala vacía. Del techo, bastante escondida, colgaba una larga cuerda.

—¡Fue el idiota! —gritaba el primero que sufría los terribles dolores, queriendo escapar de aquello con la verdad.

—¡Eso les aconsejaron que me dijeran, pero conmigo no valen mentiras! ¡La verdad o la muerte! ¡Entérese, entérese ya, si no lo sabe!

La voz del Auditor se perdía como un río de sangre por el oído[8] del pobre mendigo, quien colgado de los pulgares[9], no dejaba de gritar.

—¡Fue el idiota! ¡El idiota fue! ¡Ese Pelele! ¡El Pelele! ¡Ése! ¡Ése!

—¡Mentira...! —afirmó el Auditor—. ¡Mentira!... Yo le voy a decir, a ver si se atreve a negarlo, quiénes son los asesinos del coronel José Parrales Sonriente; yo se lo voy a decir... ¡El general Eusebio Canales y el abogado Abel Carvajal!

A sus palabras siguió un silencio helado; luego una queja, otra queja más y por último un sí... Al soltar la cuerda, el mendigo cayó al suelo con un horrible golpe. Más tarde les preguntaron a sus compañeros, que temblaban como perros perseguidos, y todos contestaron que sí, que así era, menos el ciego. Lo colgaron de los dedos porque aseguraba desde el suelo que sus compañeros mentían al echar la culpa a personas inocentes de un crimen del que sólo se podía acusar al idiota.

—¿Cómo se atreve usted a decir que un idiota pueda ser culpable? —preguntó el Auditor.

—¡Hay que fajarlo*! —propuso un policía con voz de mujer.

—¡Diga la verdad! —gritó el Auditor, cuando los golpes caían sobre el ciego—. ¡La verdad, o se está ahí colgado toda la noche!

El Señor Presidente

—¿No ve que soy ciego?

—¡Es ciego, pero oye! Niegue entonces que fue el idiota...

—¡No, porque ésa es la verdad y yo no soy un cobarde!

—¡Imbécil!

La voz del Auditor de Guerra se perdió en los oídos del hombre, que ya no oiría más. Al soltar la cuerda, el cuerpo del ciego cayó al suelo como un saco de arena.

—¡Viejo mentiroso, de nada hubiera servido su palabra porque era ciego! —afirmó al pasar junto al muerto.

Y corrió a informar al Señor Presidente de las respuestas que habían dado los mendigos. La policía sacó el cuerpo del ciego en un carro de basuras que se alejó con dirección al cementerio. Empezaban a cantar los gallos. Los mendigos en libertad volvían a las calles.

III

LA FUGA[10] DEL PELELE

EL Pelele escapó por las calles de los barrios pobres de la ciudad, sin romper con sus gritos el sueño de los habitantes; tan iguales en el espejo de la muerte como distintos en la lucha de cada día bajo el sol. Unos sin lo necesario, obligados a vender su sudor para ganarse el pan, y otros con todo en exceso: amigos del Señor Presidente, propietarios de casas, mesones, indios[11], fábricas y periódicos.

Medio en la realidad, medio en el sueño, corría el Pelele perseguido por los perros y por los cuchillos de una lluvia fina. Corría sin saber hacia dónde, con la boca abierta, la lengua fuera y los brazos en alto. En las afueras, donde la ciudad escapa de sí misma, como quien por fin llega a su cama, cayó en un montón de basura y se quedó dormido. Los zopilotes*, pájaros negros, que esperaban sobre los árboles, al verlo quieto, lo rodearon agresivos. El Pelele se despertó de pie, defendiéndose ya... Uno de los más atrevidos le había herido en el labio superior y otros se peleaban por el corazón y los ojos. El Pelele cayó dando vueltas por un monte de basura y allí quedó, cubierto de papeles, cajas rotas, zapatos viejos y otros mil restos de la ciudad.

El Señor Presidente

El idiota luchaba en sus sueños con la sombra del zopilote que sentía encima y con el dolor de una pierna que se había roto al caer. La noche entera estuvo quejándose como perro herido.

... Erre, erre, ere... Erre, erre, ere...

¡INRIdiota[12]! ¡INRIdiota!

La fiebre golpeaba la cabeza del idiota con una tormenta de recuerdos e ideas fantásticas.

—¡Madre!

El grito del borracho lo hería.

Viajaba de un lado a otro, de cielo en cielo, medio despierto, medio dormido, entre bocas pequeñas y grandes, con dientes y sin dientes, que le gritaban: «¡Madre! ¡Madre!».

—¡MADRE! Un grito..., un salto..., un hombre..., la noche..., la lucha..., la muerte..., la sangre..., la fuga..., el idiota...

Y luego su madre, los sueños que descansan... El Pelele levantó la cabeza y, sin decir, dijo:

—¡Perdón, ñañola*, perdón!

Y la sombra que, en sus sueños, le pasaba la mano por la cara respondió a su dolor:

—¡Perdón, hijo, perdón!

—¡Ñañola, me duele el alma!

Y la sombra que le pasaba la mano por la cara, cariñoteando[13] respondió a su queja:

—¡Hijo, me duele el alma!

Pero la felicidad dura lo que una tormenta con sol. Por un camino de tierra color de leche que se perdía entre las basuras, bajó un campesino seguido de su perro. Miraba asustado. Sentía que había alguien allí, escondido. En seguida, el perro corrió hacia donde estaba el Pelele. El miedo llenó de frío el corazón del campesino. Se acercó paso a paso para ver quién era el muerto. Cuando tiró de un pie, se encontró con la sorpresa de que estaba vivo. Los gritos horribles del idiota se confundieron con los del perro rompiendo el silencio de la madrugada.

Los pasos de alguien que andaba por allí, en un bosque cercano de pinos y guayabos* viejos, terminaron de poner nervioso al campesino. Si fuera un policía... Pensó en salir corriendo. Pero escapar era como admitir una culpa que no tenía... Y volviéndose al herido:

—¡Preste*, no tenga miedo, no grite, que no le estoy haciendo nada malo! ¡Ay, Dios! ¡Casi lo matan! Pasé por aquí, lo vide** botado* entre la basura y...

—Vi que lo levantabas —dijo una voz a sus espaldas— y vine porque creí que era algún conocido; saquémoslo de aquí.

El campesino volvió la cabeza y por poco se cae del susto. El que le hablaba era un ángel[14]: su cara, su pelo rubio, sus ropas elegantes no parecían de este mundo.

¡Un ángel... —el campesino no separaba sus ojos de él—, un ángel —se repetía—, ... un ángel!

—Se ve por su traje que es un pobrecito —dijo el que acababa de llegar—. ¡Qué triste cosa es ser pobre!

—Sigún** se mire. Véame a mí; soy bien pobre. Mi vida es el trabajo, mi mujer y mi casa; y no encuentro triste mi suerte —respondió el campesino, como medio dormido, para ganarse la amistad del ángel, quien podía convertirlo, con sólo querer, en un rey.

—¡Curioso! —observó el que acababa de llegar.

El herido sufrió mucho subiendo el camino, cada vez más difícil. Los árboles iban y venían en sus ojos de enfermo.

—¿Quién le pegaría a este pobre hombre? —dijo el campesino, para empezar otra vez la conversación.

** Los vulgarismos que aparecen en esta adaptación van señalados en el texto con dos asteriscos (**) y están explicados en el apartado «La lengua en *El Señor Presidente*» de la página 4.

El Señor Presidente

–Nunca falta...

–Verdá** que hay gente para todo... A éste sí que... lo tiraron ahí como a un mal bicho: un navajazo[15] en la boca y a la basura. El viento corría ligero desde la ciudad al campo. El extraño miró su reloj y se marchó deprisa, después de echar unas monedas en el bolsillo del idiota y despedirse del campesino amablemente.

Éste abandonó al herido al llegar a las primeras casas, aunque antes le dijo por dónde se iba al hospital. El Pelele abrió los ojos buscando algo que le quitara sus dolores, pero su mirada alcanzó sólo las puertas cerradas de la calle vacía.

IV

¡ESE ANIMAL!

CON voz dura y enérgica, gritó el Presidente de la República:

—¿Dónde está «ese animal»? ¡Que venga «ese animal»!

De una mesita que estaba en un rincón se levantó el secretario y pasó a la sala del Presidente.

Sobre la ciudad caía un atardecer de color naranja mientras, en Palacio, el Presidente firmaba documentos ayudado por el viejecito que entró al oír que llamaban a «ese animal».

«Ese animal» era un hombre pobremente vestido, con el pelo de oro de mala calidad, y los ojos azules perdidos detrás de unos anteojos* marrones.

El Presidente puso la última firma y el viejecito, por secarla deprisa, manchó todo el documento.

—¡ANIMAL!

Llamó el Presidente una vez..., otra..., otra. Se oyeron pasos militares y un ayudante se presentó en la puerta.

—¡General, que le den doscientos golpes a éste, ya mismo! —gritó el Presidente; y pasó en seguida a sus habitaciones personales. La comida estaba puesta.

15

El Señor Presidente

A «ese animal» se le llenaron los ojos de lágrimas. No habló porque no pudo y porque sabía que era inútil pedir perdón: el Señor Presidente estaba furioso por la muerte de Parrales Sonriente.

Minutos después, en el comedor:

—¿Da su permiso, Señor Presidente?

—Pase, general.

—Señor, vengo a decirle que «ese animal» no aguantó los doscientos golpes.

La criada, que estaba sirviendo la comida del Presidente, se puso a temblar...

—Y usted, ¿por qué tiembla? —le preguntó el amo. Y volviéndose al general—: ¡Está bien, retírese!

Sin dejar el plato, la criada corrió a alcanzar al ayudante y le preguntó por qué no había aguantado los doscientos golpes.

—¿Cómo por qué? ¡Porque se murió!

Y siempre con el plato, volvió al comedor.

—¡Señor —dijo casi llorando al Presidente que comía tranquilo—, dice que no aguantó porque se murió!

—¿Y qué? ¡Traiga lo que sigue!

V

LA CABEZA DE UN GENERAL

Miguel Cara de Ángel, el hombre de confianza del Presidente, entró a los postres.

–¡Lo siento, Señor Presidente! –dijo mientras se asomaba a la puerta del comedor (Era bello y malo como Satán[16])–. Tuve que ayudar a un campesino con un herido que recogió de la basura y no me fue posible venir antes. ¡Informo al Señor Presidente de que no se trataba de nadie conocido, sino de un mendigo cualquiera!

El Presidente vestía, como siempre, todo de negro: negros los zapatos, negro el traje, negra la corbata, negro el sombrero que no se quitaba nunca.

–¿Y se lo llevó a donde debía? –preguntó.

–Señor...

–Pero ¿qué es esto? ¡Alguien que dice ser amigo del Presidente de la República no abandona en la calle a un pobre herido, víctima de una mano oculta!

–Pensé seguir con él hasta el hospital –se dio prisa en explicar Cara de Ángel–, pero luego me dije: «Con una orden del Señor Presidente lo tratarán mejor». Y como venía para aquí porque usted me había mandado llamar...

El Señor Presidente

–Ya daré esa orden.

–No se podía esperar otra cosa del que dicen que no debe gobernar[17] este país...

El Presidente saltó como herido por un rayo.

–¿Quiénes?

–¡Yo, el primero, Señor Presidente, entre los muchos que creemos que un hombre como usted debería gobernar un pueblo como Francia, o la libre Suiza, o la maravillosa Dinamarca! Pero Francia... Francia sobre todo. ¡Usted sería el guía perfecto del destino del gran pueblo de Victor Hugo!

Una pequeña sonrisa se dibujó bajo el bigote del Presidente, quien después de un momento de silencio dirigió la conversación por otro lado.

–Te llamé, Miguel, para algo que me interesa que se arregle esta misma noche. Las autoridades han ordenado detener[18] a Eusebio Canales, el general que tú conoces, y lo buscarán en su casa, mañana a primera hora. Por razones particulares, aunque es uno de los asesinos de Parrales Sonriente, no es conveniente para el Gobierno que vaya a la cárcel y necesito inmediatamente su fuga. Corre a buscarlo. Cuéntale lo que sabes y aconséjale, como cosa tuya, que se escape esta misma noche. Puedes prestarle ayuda para que lo haga. Pero ni él mismo debe conocer esta conversación; solamente tú y yo... Y tú ten cuidado: que la policía no se entere de que andas por ahí. Mira cómo te las arreglas para que no lo sepa nadie y este tipo se marche. Puedes retirarte.

El hombre de confianza del Presidente salió con media cara tapada por la bufanda negra. (Era bello y malo como Satán.) Los oficiales[19] que vigilaban el comedor del amo lo saludaron militarmente. ¿Adivinaban algo? ¿O quizás habían oído que llevaba en las manos la cabeza de un general? Las calles que rodeaban el Palacio parecían un río de flores. Grupos de soldados adornaban

Miguel Ángel Asturias

–Te llamé, Miguel, para algo que me interesa que se arregle esta misma noche. Las autoridades han ordenado detener a Eusebio Canales, el general que tú conoces...

El Señor Presidente

las fachadas de los cuarteles[20] con banderitas y cadenas de papel azul y blanco.

Cara de Ángel no se dio cuenta de aquel ambiente de fiesta. Tenía que ver al general, ponerse de acuerdo en un plan y ayudarlo a escapar. Todo le pareció fácil hasta que ladraron los perros en el bosque horrible que separaba al Señor Presidente de sus enemigos. Bosque de árboles con orejas que comunicaba cada sonido al Señor Presidente, atento a todo lo que pasaba en los rincones más secretos e íntimos de los habitantes del país.

Había llegado a la casa de Canales. Era una casa que hacía esquina, construida el siglo pasado, con ocho balcones que daban a la calle principal y un portón para vehículos abierto a la otra calle. El hombre de confianza del Presidente pensó acercarse y, si oía gente, llamar para que le abrieran. Los policías que andaban por la calle le hicieron abandonar esta idea. Caminó aún más rápido, mirando si había alguien en las ventanas para poder avisarlo, pero no vio a nadie. Todo estaba demasiado vigilado para continuar allí.

En la esquina de enfrente había un pequeño mesón de mal aspecto y para quedarse cerca de la casa bastaba con entrar y tomar algo. Una cerveza. Cruzó las piernas y puso los brazos en la barra con el aire de una persona que no se va a marchar pronto. ¿Y si pedía otra cerveza? La pidió y, para ganar tiempo, pagó con un billete de cien pesos[21]. La mesonera[22] abrió el cajón del dinero con verdadero disgusto, miró entre los billetes sucios y lo cerró de golpe. No tenía vuelto* y salió a la calle no sin antes mirar al otro cliente que había en el mesón para recomendarle que vigilara al extraño. Pero no hizo falta porque en ese momento salió una señorita de la casa del general y Cara de Ángel no esperó más.

–Señorita –le dijo poniéndose a su lado–, dígale al dueño de la casa de donde acaba de salir usted que tengo algo muy urgente que comunicarle.

–¿A mi papá*?

–¿Hija del general Canales?

–Sí, señor...

–Pues... no se pare; no... Venga, vamos. Aquí tiene usted mi tarjeta. Dígale, por favor, que lo espero en mi casa lo antes posible, que su vida está en peligro...

Volvió luego al mesón con el pretexto de recoger el vuelto, a ver qué pensaban de él, que se había marchado con tanta prisa. Allí se encontró al cliente luchando con la mesonera; la tenía apretada contra la pared y trataba de besarla.

–¡Policía desgraciado! –gritó la mesonera cuando el otro la soltó al oír los pasos de Cara de Ángel.

–¡Cálmese, cálmese, señora! ¿Pero qué es esto? ¡Quédese con el vuelto y arreglen todo de buenas maneras! No logrará nada con hacer tanto ruido. Puede venir la policía, sobre todo si el amigo...

–Lucio Vázquez, pa** servir a usté**...

–¡Pero, bueno, hagan las paces y ya está!

–¡Sí, señor, si yo ya no digo nada!

La voz de Vázquez era desagradable; hablaba como mujer, con una vocecita tierna y falsa. Enamorado de la mesonera, luchaba con ella día y noche para que le diera un beso por su propio gusto, no le pedía más. Pero ella siempre se negaba por aquello de que la que da el beso da el queso[23].

–Ahora que se han callado –continuó Cara de Ángel, como si hablara para sí mismo–, les contaré lo que pasa con la señorita de allí enfrente.

E iba a contar que un amigo le había pedido que le llevara una carta, pero la mesonera no lo dejó terminar...

–¡Qué suerte tiene! Si ya vimos que es usté** el que le está rascando el ala*.

El hombre de confianza del Presidente sintió que le estaban dando la mejor idea. Pretender los amores de la hija de Canales... Decir que la familia no lo aceptaba... Planear el rapto[24] de la niña...

–Es verdad –contestó Cara de Ángel–, pero estoy fregado* porque su papá no quiere que nos casemos...

–¡Vaya con ese tipo! –dijo Vázquez–. ¡Las malas caras que le pone a uno, como si uno tuviera la culpa de la orden que hay de seguirlo por todas partes!

–¡Así son los ricos! –añadió la mesonera de mal modo.

–Y por eso –explicó Cara de Ángel–, he pensado sacarla de su casa. Ella está de acuerdo. Acabamos de hablar y lo vamos a hacer esta noche.

La mesonera sirvió tres copas mientras ellos encendían unos cigarrillos. Un momento después, cuando ya se les había pasado el calor de la bebida, dijo Cara de Ángel:

–Desde luego, pienso disponer de ustedes. ¡Valga lo que valga, lo que necesito es que me ayuden! ¡Pero eso sí, debe ser hoy mismo!

–Después de las once de la noche yo no puedo, tengo que trabajar –dijo Vázquez–, pero ésta...

–¡*Ésta* tiene nombre –dijo la mesonera–, mirá cómo hablás!

–¡Es una lástima, amigo Vázquez, pero qué se puede hacer, lo que no es posible no es posible! Volveré de madrugada, a la una y media o dos.

Acabó de despedirse en la puerta, se llevó el reloj al oído para saber si andaba y partió a toda prisa con la bufanda negra sobre la cara pálida. Llevaba en las manos la cabeza del general y algo más.

VI

EL PERDÓN DEL OBISPO[25]

GENARO Rodas se paró a encender un cigarrillo. Lucio Vázquez apareció cuando encendía el fósforo*.

—¿Qué tal, viejo*? —saludó Vázquez, y siguieron andando—. ¿Para dónde vas?

—¿Cómo para dónde vas? ¡Vos sí que sos gracioso! ¿No habíamos quedado en vernos por aquí?

—¡Ah!, creí que se te había olvidado. Ya te voy a contar lo que pasó con tu asunto. Vamos a tomarnos unas copas. Venite, pasemos por el Portal a ver si hay algo.

—Si querés..., pero allí, desde que prohibieron que durmieran los mendigos, ni gatos se ven de noche.

Después de la muerte del coronel Parrales Sonriente, la Policía Secreta[26] no dejaba solo ni un momento el Portal del Señor; lo vigilaban los hombres más duros. Vázquez y Rodas dejaron el Portal por el lado de las Cien Puertas. Más adelante, se metieron en un mesón. Vázquez saludó al mesonero, pidió dos copas y vino a sentarse al lado de Rodas, en una mesita.

—Contá, pues, qué pasó con mi asunto —dijo Rodas.

—De aquello no hubo nada; el director metió a un sobrino suyo. Cuando yo le dije que vos querías entrar en la Policía Secreta, que

El Señor Presidente

eras un tipo muy de a petate*, ya el chance* se lo había dado a su pariente.

Genaro Rodas puso cara de disgusto. Había venido con la esperanza de encontrar trabajo.

—¡No, hombre, no es para que te preocupés! En cuanto haya otra posibilidad, te la consigo, y más ahora que las cosas se están poniendo muy mal y que de seguro aumentan el número de policías. No sé si te conté que los mendigos que dormían en el Portal la noche del crimen hablaron ya. Y se sabe que quienes mataron al coronel fueron el general Eusebio Canales y el abogado Abel Carvajal...

—¿Estás seguro?

—Hoy dieron la orden de detenerlos, de manera que...

—¡Pero qué cosas me decís vos! Si ya saben quiénes se tiraron* al coronel, entonces no estarán esperando a que los asesinos vuelvan por el Portal —contestó Rodas.

—Lo que la Policía Secreta hace en el Portal del Señor, no tiene nada que ver con la muerte de Parrales Sonriente. De verdá** que no. Ni te imaginás lo que estamos haciendo allí. Estamos esperando a un hombre que tiene la rabia[27].

—¡Imposible!

—¿Te acordás de aquel mendigo al que le gritaban «madre»? Pues a ése es al que estamos esperando. Ha mordido ya a mucha gente y tenemos orden de tirar a matar.

* * *

El Pelele llenaba las calles con sus quejas, arrastraba el cuerpo totalmente destruido por el dolor y la fiebre. La plaza asomó al fin. El Pelele subió, arrastrándose, la escalera del Portal del Señor, y se echó en un rincón oscuro con la boca abierta, los ojos rojos y las ropas manchadas de sangre y tierra.

Genaro Rodas y Lucio Vázquez, terminada ya la quinta copa, se despidieron del mesonero y salieron a la calle.

–¡Ah, la gran flauta*, qué frío hace esta noche! –dijo Rodas metiéndose las manos en las bolsas* del pantalón.

Vázquez no hizo caso. Sólo repetía una y otra vez que ésa era su noche alegre. En su risa se notaba el alcohol. Reía y reía, y cuando su risa se convertía en queja, y ya no era gusto, sino sufrimiento, se doblaba por la cintura[28] para proteger la boca del estómago. De pronto guardó silencio. La risa se le heló en la cara. Había visto al Pelele. Sus pasos rompieron el silencio del Portal del Señor. El idiota se quejaba como un perro herido. Un grito se oyó en la noche.

Vázquez, a quien el Pelele vio acercarse con una pistola en la mano, lo arrastraba de la pierna rota hacia las escaleras que caían a la esquina del Palacio del Obispo.

Rodas asistía a la escena bañado en su propio sudor. Al disparar Vázquez, el idiota cayó por las escaleras. El segundo disparo puso fin a la obra. Nadie vio nada, pero en una de las ventanas del Palacio, los ojos del Obispo ayudaban a morir en paz al pobre idiota. Su mano, con un gran anillo, le daba el perdón para abrirle el camino hacia Dios.

VII

PRÍNCIPES DEL EJÉRCITO

EL general Eusebio Canales abandonó la casa de Cara de Ángel con seriedad militar, como si fuera a dirigir un ejército. Sin embargo, al cerrar la puerta y quedar solo en la calle, su paso militar se convirtió en carrerita de indio que va al mercado a vender una gallina. El ruido de los pasos de quienes lo vigilaban perseguía sus oídos. Acababa de pasar la esquina que hacía un minuto había visto tan lejos. Y ahora a la que sigue, sólo que ésta... ¡qué lejos para alguien ya cansado! Comenzó a andar más deprisa. «Suceda lo que suceda –se dijo–, mi deber es quedarme en casa y con más motivo si es cierto lo que acaba de afirmarme Cara de Ángel. ¡Escapar es admitir que yo soy culpable! ¡Pero no hacerlo...!»

Se llevó una mano al pecho como para quitarse el miedo que le había metido el hombre de confianza del Presidente. El dedo de Cara de Ángel le señalaba el camino del extranjero como única posibilidad de salvarse. «¡Hay que salvar la vida, general! ¡Todavía hay tiempo!» Y todo lo que él era, y todo lo que él valía y todo lo que él quería: patria[29], familia, recuerdos y Camila, su hija... Todo desaparecía detrás de ese dedo que señalaba tan lejos.

Pero de aquellos pensamientos tan veloces, algunos pasos más adelante, no quedaba más que una lágrima en sus ojos...

«¡Los generales son los príncipes del Ejército! –dije públicamente–. ¡Qué imbécil! ¡Cuánto me ha costado esa frasecita! El Presidente no me perdonará nunca y ahora quiere quitarme de su vista acusándome de la muerte de un coronel que siempre me obedeció con cariñoso respeto.»

En el fondo de sí mismo iba naciendo otro general Canales, un general Canales que caminaba con paso lento, arrastrando los pies, sin hablar, oscuro y triste.

«¡Pero si soy inocente!» Y se repitió con la voz más decidida de su corazón: «¡Pero si soy inocente! ¿Por qué temer?».

«¡Por eso! –se respondía él mismo con las palabras de Cara de Ángel–. ¡Por eso...! Otra cosa sería si usted fuera culpable. El crimen es necesario porque asegura al Gobierno que se está de su parte. ¿La patria? ¡Sálvese, general, yo sé lo que le digo; la patria no tiene importancia en estas situaciones! ¿Las leyes? ¿Y usted puede creer en ellas? ¡Sálvese, general, porque le espera la muerte!»

«¡Pero si soy inocente!»

«No se pregunte, general, si es culpable o inocente: pregúntese si cuenta o no con la amistad del amo, que un inocente no querido por el Gobierno es peor que si fuera culpable.»

Dejó de pensar en las palabras de Cara de Ángel, el odio le llenaba el corazón. Pensó en su hija, que lo estaría esperando preocupada y nerviosa. Al llegar a la esquina de su casa vio luz en las ventanas. No tuvo necesidad de la llave que llevaba en la mano porque, en cuanto llegó, se abrió la puerta.

–¡Papaíto!

–¡Calla! ¡Ven... te explicaré! Hay que ganar tiempo. Que me preparen un caballo..., el dinero..., una pistola. Que sólo pongan lo más necesario en una maleta. Después mandaré por mi ropa. Haz

El Señor Presidente

todas estas cosas mientras yo voy a cambiarme y a escribir una carta para mis hermanos. Te vas a quedar unos días con Juan.

Sorprendida por un loco, la hija de Canales no se habría asustado como se asustó al ver entrar a su papá. Un hombre siempre tan tranquilo... Le faltaba la voz. Le temblaba el color. No lo había visto nunca así. Camila, sintiendo miedo y dolor, corrió a obedecer a su padre. El general escribía rápidamente.

El silencio empezaba a llenar la casa, pero no era aquél de las noches dulces y tranquilas; sino un silencio amargo, molesto como ropa extraña, tan sólo roto por la tos del general, las carreras de su hija, las quejas de la criada...

VIII

EL RAPTO

CARA de Ángel asomó por el barrio de Canales acompañado por un grupo de hombres con aspecto de ladrones.

–Una vez que tenga a la muchacha –les venía diciendo–, ustedes pueden robar lo que quieran de la casa. Les prometo que no saldrán con las manos vacías. Pero ¡eso sí!, mucho cuidado ahora y mucho cuidado después con contar nada a nadie.

Al girar una esquina los paró un grupo de soldados. El hombre de confianza del Presidente se dirigió al jefe.

–Vamos a cantarle a una niña, teniente[30].

–Y las guitarras... y lo demás... ¡Parece que va ser un concierto con mucho silencio y poca música!

Sin que lo viera nadie, Cara de Ángel le pasó un billete de cien pesos que, al momento, hizo desaparecer todas las dificultades. Después mandó a sus hombres que no llegaran en grupo al mesón.

–¡Mesón «El Tus-Tep», acuérdense! –les dijo en voz alta cuando se iban separando–. ¡Cuidado, muchachos, que no se meta nadie en otra parte! «El Tus-Tep», ya saben, al lado de una tienda de colchones.

El plan de la fuga era el siguiente: al dar el reloj de la iglesia de la Merced las dos de la madrugada, subirían a casa del general Canales uno o dos hombres mandados por Cara de Ángel. En cuanto éstos empezaran a andar por el tejado, la hija del general saldría a una de las ventanas a pedir socorro contra los ladrones a grandes voces. Esto llamaría la atención de los policías que vigilaban la casa y, de ese modo, aprovechando el desorden, Canales podría escapar por una puerta de la otra calle.

Cara de Ángel dio una vuelta a la manzana para tener una idea de la situación. No le gustó lo que vio; eran muchos los policías que vigilaban a Canales en cada acera, cada calle, cada casa. «Estoy ayudando a realizar un crimen –pensó–; a este hombre lo van a matar al salir de su casa.» Para alguien sin corazón, como él, no resultaba ningún problema llevar a un hombre a la muerte si era necesario para el Gobierno. El general iba a escapar sintiéndose protegido por un amigo del Presidente, cuando, en realidad, esa ayuda no era sino un medio para justificar su muerte: el último recurso de la autoridad para evitar la fuga de un asesino que iba a ser detenido al día siguiente. Muy distinto era el sentimiento que llevaba a Cara de Ángel a rechazar en silencio un engaño tan cruel. Con su mejor intención, había aceptado proteger al general Canales, y, por lo mismo, se sentía con cierto derecho[31] sobre su hija, derecho que consideraba perdido al verse en su papel de siempre: ayudar en un crimen más.

Pensó por un momento en volver atrás, llamar a casa de Canales y contarle todo lo que pasaba... (Imaginó a su hija que le sonreía agradecida.) Pero ya estaba en la puerta del mesón y la presencia de los hombres le dio valor, sobre todo, la de Lucio Vázquez, a quien no esperaba.

–¡Qué alegría encontrármelo aquí, así me gustan los hombres! –saludó Cara de Ángel, dándole la mano al asesino del Pelele–. Encontrarlo aquí me devuelve las fuerzas.

—¡Venga a meterse un puyón* para que se le vaya el miedo! —dijo Vázquez intentando dar una expresión más profunda a su voz de mujer.

—Sepa que no es por mí —respondió el hombre de confianza del Presidente—. Es por ella, porque no me gustaría que nos descubrieran y termináramos en la cárcel.

—Pero mire usté**, ¿quién los va a descubrir? Si no quedará ni un policía por la calle cuando vean que en la casa se puede robar de todo. Se lo aseguro a usté**. Todos se meterán a ver qué sacan, sin jerónimo de duda[32].

El reloj de la iglesia próxima sonó dos veces.

—¡Todo el mundo a la calle! —gritó Cara de Ángel.

—¡Vamos! —ordenó Vázquez, subiendo por una ventana a la casa del general, seguido por otros dos hombres.

En la casa del general, aún quedaba en el aire el sonido del reloj próximo.

—¿Vienes, Camila?

—Sí, papaíto.

Camila llegó a sus brazos ya sin fuerzas. Para ella, todo aquello era un juego, o un mal sueño; verdad no podía ser. El general la envolvió en sus brazos para decirle adiós.

Al oír que andaban por los tejados, el viejo militar arrancó a Camila de sus brazos y cruzó el patio hacia la puerta de vehículos. Escapar era lo último que debía hacer un militar... Pero la idea de volver a su país conduciendo la revolución[33]...

Camila, de acuerdo con el plan, salió a la ventana a dar la alarma:

—¡Están entrando ladrones! ¡Están entrando ladrones!

Antes de que su voz se perdiera en la noche, vinieron los primeros policías, los que vigilaban en frente de la casa. La puerta de la calle se abrió en seguida. Otros policías se asomaron a las esquinas. Detrás de la puerta abierta desaparecían todos. Mar durante una

El Señor Presidente

tormenta. En las casas hay tantas cosas que molestan a sus dueños... Y la carta para los hermanos del general Canales rota en el suelo... Vázquez cortó la luz de toda la casa al subir al tejado. Algunos encendían fósforos para encontrar los armarios y buscaban por todas partes las cosas de valor. Otros, perdidos en la sala, derribaban las sillas y las mesas.

La criada escondía a Camila en el comedor, entre la pared y uno de los muebles. Cara de Ángel empujó a la vieja, quitándola de en medio. Vázquez la hizo callar golpeándola con un palo. Pegó al bulto. No se veían ni las manos.

IX

EN EL MESÓN

VÁZQUEZ salió a la calle con el palo todavía en la mano. Llamó a alguien y en seguida apareció por la puerta Cara de Ángel con la hija del general en los brazos.

Los policías comenzaban a escapar con todo lo que habían robado cuando ellos entraron con mucha prisa en «El Tus-Tep». La mesonera esperaba en la puerta para cerrarla rápidamente.

Camila no había podido imaginar nunca que existiera un lugar tan sucio y de tan mal olor a sólo dos pasos de donde ella vivía feliz junto al viejo militar. Parecía mentira que ayer pudiera vivir con tanta tranquilidad y hoy, sin casa, sin familia. Al quitarle Cara de Ángel la bufanda negra que le tapaba los ojos, Camila tuvo la sensación de estar muy lejos de su casa. Dos y tres veces se pasó la mano por la cara, mirando a todos lados para saber dónde estaba. Los dedos se le perdieron en un grito al darse cuenta de su desgracia. No estaba soñando.

—Señorita... —le dijo Cara de Ángel—, aquí, por lo menos, no corre usted ningún peligro. ¿Qué podemos darle para que se le pase el susto?

El Señor Presidente

La mesonera corrió a prepararle una bebida. El agua que llenaba la taza tomó el color de persona con miedo. Camila pudo hablar nuevamente, después de beber un poco:

–¿Y mi papá? –fue lo primero que preguntó.

–Quédese tranquila, no tenga pena; beba, beba más agüita, al general no le ha sucedido nada –le contestó Cara de Ángel.

–¿Lo sabe usted?

–Lo supongo...

–¿Y si ha ocurrido algo malo?...

–¡Shh, no lo provoque usted!

Camila volvió a mirar a Cara de Ángel. La cara dice muchas veces más que las palabras. Pero se le perdieron los ojos en los del hombre de confianza del Presidente, ojos negros y sin pensamientos, como los de un espíritu del mal.

–Siéntese, niña –dijo la mesonera. Salió y volvió arrastrando la silla que Vázquez había ocupado esa tarde, cuando el señor de la cerveza y el billete de cien pesos entró en el mesón por primera vez...

... ¿Esa tarde hacía muchos años o esa tarde hacía pocas horas? Cara de Ángel miraba lentamente a la hija del general. El pensamiento de apagar la luz y aprovecharse de ella por la razón o por la fuerza le volvía más negra la mirada. Pero, al ver su pálida cara bajo las lágrimas, el pelo desordenado y el cuerpo de ángel a medio hacer, cambió el gesto, le quitó la taza con aire de padre y se dijo: «Pobrecita».

–Pero si ya pasó todo –decía Cara de Ángel al oído de Camila, que lloraba–. Su papá no corre peligro y usted, escondida aquí, está segura; aquí estoy yo para defenderla... Ya pasó, no llore. Míreme sin llorar y le explico todo...

Camila dejó de llorar poco a poco. Cara de Ángel, que le acariciaba la cabeza, le quitó el pañuelo de la mano para secarle los ojos. Ya estaba amaneciendo, la luz suave de la madrugada se dejaba ver debajo de las puertas y en los agujeros de las ventanas.

–Es necesario que se calme usted porque puede estropearlo to-do. Esta noche volveré para llevarla a casa de sus tíos. Necesitamos ganar tiempo. Debe tener paciencia. Hay cosas que no se pueden arreglar en un momento.

–No, por mí no se preocupe; con lo que me ha dicho ya me siento segura. Se lo agradezco. Todo está explicado y debo quedarme aquí. La angustia es por mi papá.

–Yo me encargaré de traerle noticias...

Antes de salir, Cara de Ángel se volvió para darle con la mano un golpecito cariñoso en la cara.

–¡Tran-qui-la!

La hija del general Canales levantó los ojos otra vez llenos de lágrimas y le contestó:

–Noticias...

X

TÍOS Y TÍAS

EL hombre de confianza del Presidente salió del Palacio junto a otras autoridades que acababan de felicitar al Señor Presidente en el día de su cumpleaños. La fiesta nacional se había celebrado como cada año: música militar, soldados en las calles, palabras de agradecimiento para el padre de la Patria. Cara de Ángel se separó de los otros y fue en dirección de la casa de don Juan Canales.

«Que vaya o mande a buscarla al mesón, ¡a mí qué me importa! –se iba diciendo por el camino–. Que no dependa más de mí; que todo vuelva a ser como ayer, cuando no sabía que existía, cuando no era nada para mí...»

De los hermanos del general, don Juan vivía en el barrio más antiguo y caro de la ciudad. Al toquido* de Cara de Ángel respondió un perro. Con el sombrero en la mano, entró en la casa (era bello y malo como Satán), contento de encontrarse en el lugar en que iba a dejar a la hija del general, pero nervioso por el ladrar del perro y por los «pase usted», «pase usted» de don Juan Canales.

–¡Pase usted, haga el favor, por aquí, señor, pase usted! ¿Y a qué debemos el placer de esta visita? –don Juan decía todo esto mecánicamente, con una voz que estaba muy lejos de mostrar la preocupación que sentía.

Cara de Ángel paseó sus ojos por la sala y se dio cuenta de que, en el grupo de los retratos de los hermanos Canales, habían quitado el del general. Un espejo, en el extremo contrario, repetía su sitio vacío. El dueño de la casa tomó asiento delante de él. Don Juan Canales, cumplidas las ceremonias sociales, dirigió la conversación a aquello que le preocupaba.

—¡Aquí, en mi casa —decía—, a mi mujer y a mí, nos ha producido un horrible disgusto lo que ha hecho mi hermano Eusebio! Un crimen es siempre terrible y más en este caso, en el que la víctima era una persona tan querida por todos y, sobre todo, por el Señor Presidente.

Cara de Ángel se quedó en silencio, como quien no tiene palabras para defender a una persona inocente. El suyo, parecía el silencio de las visitas cuando callan por miedo a aceptar o a rechazar lo que se está diciendo.

Don Juan se puso más nervioso aún al ver que sus palabras caían en el vacío. Por su cabeza daban vueltas muchas ideas. Se sentía acusado por el crimen del Portal del Señor y también por sus consecuencias políticas. De nada le iba a servir ser inocente, de nada. Ya era un perseguido, ya lo era.

Cara de Ángel, muy lejos de lo que don Juan pensaba, lo observaba en silencio preguntándose cómo ese cobarde podía ser pariente de Camila.

—¡Por ahí se dice, mejor dicho, le contaron a mi mujer, que me quieren acusar también a mí del crimen del coronel Parrales Sonriente! —continuó Canales, secándose con un pañuelo el sudor frío que le corría por la frente.

—No sé nada —le contestó secamente Cara de Ángel.

—¡No sería justo! Y ya le digo, mi mujer y yo no estamos de acuerdo con lo que hizo Eusebio. Además, en los últimos tiempos,

El Señor Presidente

nos veíamos muy poco mi hermano y yo. Casi nunca. Pasábamos como dos extraños: buenos días, buenos días; buenas tardes, buenas tardes; pero nada más.

La voz de don Juan había perdido ya su seguridad.

En aquella visita, las palabras extrañas a Camila se perdían en los oídos de Cara de Ángel sin dejar rastro. «¡Pero por qué no me habla de su sobrina! –pensaba–. Si me hablara de ella, yo le prestaría mayor atención; si me hablara de ella yo le diría que no tuviese miedo, que nadie piensa que él sea culpable de ningún crimen. Si me hablara de Camila, que yo quisiera que se quedara aquí con ellos, para no tener que pensar nunca más en ella...»

–Estábamos separados desde hacía mucho tiempo –don Juan insistía en hablar de lo que le preocupaba–. Éramos como enemigos... ¡Él no me podía ver ni yo tampoco a él!

–Pero entre hermanos, don Juan, la misma sangre produce una relación que no se destruye. A pesar de las profundas diferencias que existían entre usted y su hermano, el general, viéndose perdido y obligado a dejar el país, contó...

–¡Ah, no! ¡No puede ser tan mentiroso como para relacionarme con sus crímenes!

–Contó con su ayuda para que su hija no quedara abandonada y me encargó que hablara con usted para que aquí, en su casa...

Tan pronto como don Juan supo que Cara de Ángel no venía a acusarlo, volvió a su papel de hombre fuerte y formal.

–¡No sé qué contestarle, pues, la verdad, esto me sorprende mucho! En mi casa, lógicamente, ni pensarlo. ¡No se puede jugar con fuego! No estoy dispuesto a perder amigos por abrir la puerta a la hija de un enemigo del Presidente...

–Entonces, no hay más que hablar –un relámpago de odio cruzó las noches profundas que llevaba Cara de Ángel en los ojos.

–Lo siento por usted, que se molestó en venir a buscarme. Si me hubiera usted llamado por teléfono...

Cara de Ángel salió sin decir palabra.

–Iré a casa de sus hermanos –dijo ya en el portal.

–No pierda su tiempo –contestó rápidamente don Juan–. Si yo, que tengo fama de conservador[34] por vivir aquí, no la acepto en mi casa, ellos, que son liberales[34], van a creer que usted está loco o sencillamente que es una broma.

XI

AMOR QUE TRAE MALES

LA voz de la mesonera salía desde un rincón de la cocinita, mientras Camila respondía acostada en la cama.

–... ¿Si vendrá, si no vendrá?

–De eso esté usté** segura.

–¡Ay! Me gustaría que viniera pronto para saber la verdad. Y si tiene que traerme malas noticias, es mejor que no venga.

–¡En lo que piensa usté **! Ya lo creo que va a venir, y con noticias que le van a gustar. Se lo digo yo...

Por la calle se oyeron pasos. A Camila le golpeaba el corazón tan fuerte que tuvo que apretárselo con las dos manos. Mientras la mesonera abría la puerta, Camila se pasó las manos por la cabeza para colocarse el pelo. Al final de aquel día que ella creyó que no iba a acabar nunca, estaba débil, sin fuerzas y sin ganas de nada.

–¡Sí, señorita, buenas noticias! –dijo Cara de Ángel desde la puerta, cambiando la expresión de pena que traía.

Ella esperaba de pie, al lado de la cama, con los ojos llenos de lágrimas y el gesto frío. El hombre de confianza del Presidente le acarició las manos.

—Las noticias de su papá primero, que son las que más le interesan... —dichas estas palabras, se fijó en la mesonera y, entonces, sin cambiar de voz, cambió de pensamiento.

—¿Dónde está él?

—Siéntese, donnn... —la mesonera cortó la conversación, ofreciendo una sillita a Cara de Ángel—. Y como ustedes tendrán cosas que hablar, van a dejar que me vaya y vuelva de acún rato**. Voy a salir a ver qué es de Lucio, que se fue esta mañana y aún no ha vuelto.

Cuando la mesonera salió, Cara de Ángel tomó nuevamente la palabra:

—¡Mejor así! Delante de ella no se podía hablar con confianza. De su papá, todo lo que sabemos es que está escapando y, mientras no pase la frontera, no podremos tener noticias ciertas.

—Y mis tíos, ¿qué le dijeron?

—No pude ir a verlos porque estuve buscando noticias de su papá; pero ya les mandé a decir que mañana iría.

—Perdone que tenga tanta prisa, pero me sentiré mejor allí, con ellos; sobre todo, en casa de mi tío Juan, él es mi padrino y ha sido para mí como mi padre...

—¿Se veían ustedes muy a menudo?

—Casi todos los días... Cuando no íbamos nosotros a su casa, él venía a la nuestra. Es el hermano a quien más quiere mi papá. Siempre me dijo: «Cuando yo falte, te dejaré con Juan». El domingo pasado comimos juntos.

—En todo caso, sepa usted que, si yo la escondí aquí, fue para evitar que la descubriera la policía y porque este lugar quedaba muy cerca.

Cara de Ángel se sentía débil en aquel ambiente con tan poca luz y miraba a Camila más pálida, más sola y más guapa que nunca en su vestidito color limón.

El Señor Presidente

—De su papá, todo lo que sabemos es que está escapando y, mientras no pase la frontera, no podremos tener noticias ciertas.
—Y mis tíos, ¿qué le dijeron?

–¿En qué piensa? –dijo con voz suave.

–En lo que sufrirá mi padre escapando por sitios desconocidos. ¿Irá muy lejos ya? Se sabrá cuándo más o menos...

–No tengo ni idea, pero es cuestión de días...

–Mi tío Juan, tal vez, tiene noticias...

–Probablemente.

–Algo le pasa a usted cuando le hablo de mis tíos.

–Pero ¡qué está usted diciendo! De ninguna manera. ¿Adónde podría yo llevarla a usted si no estuvieran ellos?

Cara de Ángel, para esconder el cambio de su voz cuando se refería a sus tíos, le tomó una mano y se dejó llevar por los sentimientos que Camila le despertaba.

La puerta se abrió de repente. Era la mesonera.

–Perdonen que entre sin pedir permiso y que venga así tan nerviosa... ¡Lucio está preso! Me lo acaba de decir una conocida. Está en la cárcel. ¡Cuentos de ese Genaro Rodas! Que le ha dicho a la policía que usté** y Lucio habían sacado a la señorita de su casa...

Cuando Cara de Ángel empezó a darse cuenta de la realidad, Camila lloraba llena de dolor echada sobre la cama, la mesonera hablaba sin parar y él mismo sentía que lo estaban enterrando vivo con los ojos abiertos.

Después de llorar mucho rato, Camila se levantó y pidió a la mesonera un abrigo para salir a la calle.

–Y si usted es, como dice, un caballero –se volvió a decir a Cara de Ángel–, acompáñeme a casa de mi tío Juan.

–Pero... –dijo cuando salían– ya es demasiado tarde.

–Si fuéramos a una casa extraña, sí; pero vamos a mi casa; cualquiera de las casas de mis tíos es como mi casa.

Cara de Ángel la tomó de un brazo y como arrancándose el alma, le dijo violentamente la verdad:

El Señor Presidente

–En casa de sus tíos ni pensarlo; no quieren oír hablar de usted, no quieren saber nada del general, ya no lo aceptan como hermano. Me lo ha dicho hoy su tío Juan...

–¡Pero usted mismo me ha dicho que no los vio, que les prometió su visita! ¿En qué quedamos? ¡Que mis tíos no quieren oír hablar de nosotros, que no me reciben en su casa...! Bueno, está usted loco. ¡Venga, acompáñeme, para que se convenza de lo contrario!

–No estoy loco, créame. Mentía por cariño, por querer ahorrarle el dolor que ahora va a sufrir... Yo pensaba volver mañana a pedirles que no la dejaran abandonada en la calle, pero eso ya no es posible, usted misma lo verá.

La mesonera salió para acompañarlos en sus primeros pasos con una pequeña luz en sus manos. El viento frío que corría la apagó y la calle se quedó más sola.

XII

TOQUIDOS

UNA vez delante de la puerta de don Juan Canales empezaron a llamar.

¡Ton-torón-ton-ton... Ton-ton-torontón!

Los golpes se oyeron por toda la casa y despertaron al perro que comenzó a ladrar hacia la calle. Camila volvió la cabeza hacia Cara de Ángel —en la puerta de la casa de su tío ya se sentía segura— y le dijo muy contenta:

—¡Es Rubí! ¡Está nervioso porque no me ha conocido! ¡Rubí! ¡Rubí! —añadió llamando al perro—. ¡Rubí! ¡Soy yo...!

Y volviéndose otra vez a Cara de Ángel:

—¡Vamos a esperar un momentito!

—¡Sí, sí, por mí no se preocupe, esperemos!

El hombre de confianza del Presidente hablaba como el que lo ha perdido todo, a quien todo le da igual.

—Tal vez no hayan oído, será necesario tocar más fuerte.

Y golpeó la puerta muchas veces, cada vez más preocupada. Rubí era el único que parecía vivo en toda la casa.

—Es extraño —dijo sin separarse de la puerta—. ¡Seguramente están dormidos; voy a tocar más fuerte!

¡Ton-torón-ton-ton... Ton-ton-torontón!

45

El Señor Presidente

Y Camila empezó a contar para hacer tiempo: uno, dos, tres... trece... veinticuatro... ve-in-ti-cinco...

—¡No vienen!... veintisiete... treinta y uno, treinta y dos —le daba miedo llegar a cincuenta— treinta y siete, treinta y ocho...

De repente, sin saber por qué, había descubierto que era verdad lo que Cara de Ángel le había dicho sobre su tío Juan. Cada vez más pálida, tocó y tocó muchas veces más, pero la respuesta fue siempre la misma: el continuo ladrar del perro.

¿Qué les había hecho ella? ¿Por qué no le abrían la puerta de su casa? Llamó de nuevo. ¿Qué iba a sucederle si la dejaban en la calle? Llamó y llamó. Llamó furiosa, como si diera golpes en la cabeza de un enemigo. Sólo el perro rompía el silencio de la casa. La niebla y el frío oscurecían aún más las calles.

—Acompáñeme a casa de mis otros tíos; vamos primero a ver a mi tío Luis, si le parece...

—A donde usted diga...

—Vamos pues... —las lágrimas le caían de los ojos como una lluvia—; aquí no me han querido abrir...

Y caminaron adelante. Ella, volviendo la cabeza a cada paso —no perdía la esperanza de que finalmente abrieran— y Cara de Ángel, furioso..., ya se ocuparía él de don Juan.

Mientras tanto, don Juan Canales hacía todo lo posible para comunicarse con su hermano José Antonio. La central de teléfonos[35] no contestaba y él siguió insistiendo. Por fin le respondieron con voz de dormido. Pidió la casa de José Antonio Canales y, en contra de lo que esperaba, inmediatamente la voz de su hermano mayor se oyó en el aparato.

—... Sí, sí, Juan es el que te habla... Creí que no me habías conocido... Pues imagínate... Ella y el tipo... ¿Qué me dices? ¿También a ustedes? ¡Nooo, no le abrimos!... ¡Mi mujer quería salir, pero yo no la dejé hacerlo!... Y de tu casa seguramente se fueron para la de

46

Luis... ¡Ah!, ¿no? ¿Ya venían?

Las primeras luces del día comenzaban a aparecer en el cielo cuando volvían de llamar inútilmente a la casa de don José Antonio. A cada paso repetía Camila:

—¡Yo me las arreglaré!

Temblaba de frío. Sus ojos verdes, llenos de lágrimas, veían nacer un día amargo. Sus pasos eran débiles. La vida se le caía encima. El día comenzaba a nacer...

La mesonera se alegró al verlos volver juntos. No había podido cerrar los ojos de la pena en toda la noche e iba a salir en seguida para la cárcel con el desayuno de Vázquez.

Cara de Ángel se despidió mientras Camila lloraba su desgracia increíble.

—¡Hasta luego! —dijo sin saber por qué; él ya no tenía nada que hacer allí.

Y al salir sintió por primera vez, desde la muerte de su madre, los ojos llenos de lágrimas.

XIII

UNAS MANOS PELIGROSAS

EL Auditor de Guerra no se dio cuenta de la última entrada y salida de su vieja criada, ocupado como estaba en la lectura de su última obra maestra: el proceso[36] de la fuga del general Eusebio Canales. Tres eran los principales culpables: Genaro Rodas, Lucio Vázquez y... el otro, una persona a la que tenía mucha envidia, Miguel Cara de Ángel.

«El rapto de la hija del general no fue más que un engaño para burlar a la policía que vigilaba la casa —se decía a sí mismo—. La vendedora de pan declaró que la casa estaba vacía cuando llegó, como siempre, a las seis de la mañana. Si a esa hora en la casa ya no había nadie, si en los informes de la policía se dice que el general volvió a su casa hacia las doce de la noche, lógicamente se escapó a las dos de la mañana. Precisamente cuando Cara de Ángel hacía el papel de raptar[24] a su hija...

»¡Qué dolor para el Señor Presidente cuando sepa que el hombre de toda su confianza dirigió la fuga de uno de sus peores enemigos! ¡Cómo se va a poner cuando se entere de que el íntimo amigo del coronel Parrales Sonriente ayudó a que se escapara uno de sus asesinos!»

Leyó una y otra vez las leyes militares, que ya se sabía de memoria, en todo lo que se refería a los que ayudaban a un asesino. La alegría le brillaba en los ojos de bicho furioso cada vez que encontraba, cada dos o tres líneas, esta frasecita: «pena de muerte», o también, «pena de la vida[37]».

¡Ah, don Miguelín, por fin en mis manos! ¡Qué pronto ha caído en mi poder! ¡Si ayer mismo me ofendió en Palacio...! ¡Y ahora podré hacer con usted lo que yo quiera!

Y feliz por estas ideas, subió las escaleras del Palacio del Presidente a las once de la mañana del día siguiente. Llevaba el proceso y la orden para detener a Cara de Ángel.

—Vea, señor Auditor —le dijo el Presidente al terminar aquél su exposición de los hechos—, déjeme aquí ese proceso y oígame lo que le voy a decir: Miguel no es culpable, rompa inmediatamente esa orden. ¡Los culpables son ustedes, imbéciles, servidores de qué..., de qué sirven..., de nada! Cuando el general trató de escapar, la policía debió haberlo matado. ¡Eso era lo que estaba mandado! ¡Sin embargo, la policía no puede ver una puerta abierta sin que se les despierte el gusto por robar! Suponga usted que Cara de Ángel hubiera ayudado a Canales a escaparse. No lo ayudaba a escapar, sino a que la policía lo matara. Pero, como la policía no es más que basura... ¡Puede retirarse! Y en lo que se refiere a los otros dos, Vázquez y Rodas, a esos sí que hay que darles fuerte; sobre todo a Vázquez, que sabe más de lo que le han enseñado. ¡Puede retirarse!

XIV

PERROS DEL MISMO PELO

GENARO Rodas, que no había podido arrancarse de los ojos la mirada del Pelele, se presentó delante del Auditor con la frente baja. Éste le ordenó que se acercara.

—Hijito —le dijo después de un largo silencio—, lo sé todo, y si te lo pregunto es porque quiero oírlo de tu propia boca. ¿Cómo fue la muerte de ese mendigo en el Portal del Señor?

—Lo que pasó... —comenzó a decir Genaro de prisa, pero luego se detuvo, como con miedo a hablar—. ¡Ay, señor, por el amor de Dios, no me vaya a hacer nada! ¡Yo le diré la verdad; pero, por su vida, no me haga nada!

—¡No te preocupes, hijito, la ley es dura con los asesinos, pero con alguien como tú...!

—Fue la otra noche, ya sabe usted cuándo. Yo tenía una cita con Lucio Vázquez al lado de la Catedral. Yo, señor, estaba buscando empleo y este Lucio me había dicho que me iba a buscar trabajo en la Policía Secreta.

—Sí, sigue —lo animó el Auditor.

—Entonces, usted verá, me dijo que no me había conseguido el trabajo y nos fuimos para el Portal del Señor. Lucio me había dicho que estaba de guardia[38] y que debía esperar a uno de los men-

50

digos que tenía la rabia para matarlo. Íbamos andando y yo me quedé un poco más atrás. Él cruzó la calle paso a paso, pero al llegar al Portal comenzó a correr. Yo corrí detrás de él creyendo que nos perseguían. Pero qué... Vázquez arrancó de la pared un bulto, era el mendigo; el mendigo, que al sentirse cogido, gritó como si le hubiera caído una paré** encima. En ese momento sacó la pistola y, sin decirle nada, le disparó dos veces. ¡Ay, señor, yo no tuve la culpa, yo no fui quien lo mató! Por buscar trabajo, señor..., vea lo que me pasa.

El Auditor de Guerra, sin cambiar de expresión, llamó a los policías. Se oyeron pasos y en seguida éstos asomaron por la puerta.

–Que le den doscientos golpes a éste –su voz no cambió en lo más mínimo para dar aquella orden; lo dijo igual que si mandara pagar doscientos pesos a un cliente.

Rodas no comprendía. Levantó la cabeza para mirar a los policías que lo esperaban. Y comprendió menos aún cuando les vio las caras tranquilas, sin demostrar la menor sorpresa.

El Auditor gritaba contra Rodas al entrar Lucio Vázquez, el otro preso.

–¡No se puede tratar bien a esta gente! ¡Esta gente lo que necesita es golpes y más golpes!

Vázquez, a pesar de encontrarse entre los suyos, no estaba tranquilo y menos oyendo lo que oía. Era demasiado grave haber ayudado, aunque fuera sin querer, al general Canales.

–¿Qué sabe usted de la muerte del idiota? –preguntó el Auditor.

Sus palabras, en contra de lo que esperaba, no hicieron reaccionar a Lucio Vázquez, que, de manera muy natural, dijo:

–Lo que sé es que yo lo maté –y, llevándose la mano al pecho, repitió para que no hubiera dudas–: ¡Yo!

–¡Y a usted esto le parece un juego! ¿O es tan bruto que no sabe que puede costarle la vida?

El Señor Presidente

–Lo que veo –dijo Lucio, sin perder la calma–, es que usted no sabe muchas cosas. ¿Por qué me hacen declarar? No hay duda de que yo no me iba a manchar las manos por un mendigo así. Yo sólo obedecía las órdenes del Señor Presidente...

–¡Silencio! ¡Mentiroso! ¡Ja...! ¡Mentiros...!

Y no terminó sus palabras porque en ese momento entraban los policías con Rodas colgando de los brazos y con los pies arrastrando por el suelo, como un trapo manchado de sangre.

–¿Cuántos le dieron? –preguntó.

–¡Doscientos!

–Pues..., que le den otros doscientos.

Los policías volvieron sobre sus pasos arrastrando el cuerpo herido de Genaro Rodas.

–¿Y qué piensa usted?, ¿que cualquiera que realice un crimen va a quedar libre con decir que ha sido una orden del Señor Presidente? ¡El Señor Presidente no está loco para dar una orden así! ¿Dónde está el papel en el que se le ordenaba que matara al idiota de un modo tan cobarde?

Vázquez se puso pálido y, mientras buscaba la respuesta, se metió las manos, que le temblaban, en las bolsas del pantalón.

–Ante[39] la ley, ya sabe usted que, cuando se habla, hay que mostrar las pruebas. ¿Dónde está esa orden?

–Vea, lo que pasa es que esa orden escrita no la tengo. La devolví.

–¿Cómo es eso? ¿Y por qué la devolvió?

–¡Porque decía que se devolviera firmada al estar cumplida! No me iba a quedar con ella, ¿no?

–¡Ni una palabra más! ¡Yo no soy un niño para creerme tales tonterías! Si usted no tiene pruebas...

–Pues si no quiere creerme a mí, vaya a preguntárselo al Señor Presidente. ¿Acaso no estaba yo con usted cuando los mendigos acusaron...?

—¡Silencio, o le hago callar a golpes! ¡Ya me veo yo preguntándole al Señor Presidente! ¡Lo que sí le digo, Vázquez, es que usted sabe más de lo que le han enseñado y su cabeza está en peligro!

Lucio dobló la cabeza como si se la hubieran cortado. El viento, detrás de las ventanas, corría furioso.

XV

CAMBIO DE CARA

CARA de Ángel comenzó a quitarse la ropa nervioso y enfadado. Las criadas le habían informado con todo detalle de lo que se contaba en las calles y en los mercados sobre sus amores. Cerró un poco las cortinas de su habitación. Necesitaba dormir, o por lo menos, que el cuarto pareciera estar fuera del día.

«¡Dormir!» —se repitió al lado de la cama. El suelo, más que de piedra, parecía de hielo. De hielo con sal. De hielo con lágrimas. Y, ¡pum!, saltó a la cama como si fuera la barca que lo podía salvar de las aguas heladas. Buscaba olvidar lo que le sucedía, dejar de existir por un rato. ¡Basta ya de tanta responsabilidad! Mejor dormir, dejarse caer en ese agujero sin fondo que es el sueño. Pero pronto se convenció de lo lejos que estaba de alcanzar lo que quería. Dio vueltas nervioso sobre la cama. Imposible, imposible dormir. Cien horas lo separaban de sus sueños perfectos, cuando se acostaba sin preocuparse por ninguna mujer. Si ahora sufría y no lograba calmarse era porque no había tomado a Camila por la fuerza en el momento preciso. «Ya me imagino lo que dirán de mí. Sobre todo los vecinos, esos sí que hablarán. De mí, que digan lo que quieran, qué me importa, pero de ella... Como yo me entere de que han dicho una palabra mala sobre ella, los mando a la cárcel. Me parece que los oigo repetir por todas partes: ¡Sacó a la pobre muchacha de su casa! ¡La arrastró hasta el mesón de una mala mujer y allí la violó[40]! Si supieran que no es así, que estoy lamentándome de haber sido tan comprensivo y correcto.»

Dio varias vueltas más sobre su cama, apretó la cabeza contra la almohada para calmar el ir y venir de sus ideas. A sus oídos volvió el ruido de los golpes que Camila había dado en las puertas de sus tíos. «Ella tenía que tocar y tocar... Ellos tenían que haber abierto... Pero no abrieron. ¡Pobrecita, llamaba y llamaba! Parecía que pedía ayuda para no morirse. Mañana iré a verla. Le diré que le llevo noticias de su papá, aunque de mis palabras dudará...»

* * *

... «¡De sus palabras no dudo! ¡Es cierto que mis tíos le dijeron que no me querían ver por sus casas!» –pensaba Camila acostada en la cama de la mesonera, mientras se quejaba del dolor de espalda. Al otro lado de la pared, en el mesón, los clientes comentaban entre copa y copa las noticias del día. Se había escapado el general Canales, habían raptado a su hija y el hombre de confianza del Presidente había hecho lo de siempre: aprovechar la ocasión.

Camila empezó a oír a aquella gente muy lejos. Se sentía muy mal, le parecía estar cayendo en un mundo desconocido. Entre gritar –que no era prudente–, y no gritar –aunque el miedo al dolor se lo aconsejaba–, gritó con todas sus fuerzas. La mesonera llegó corriendo. En cuanto la vio de ese color casi verde, con los brazos duros y los ojos cerrados, comprendió que era grave.

* * *

El Señor Presidente

«Esta mañana, cuando nos despedimos, ella lloraba por su suerte. Lo que nos parece imposible de creer nos hace llorar de pena o de alegría.» Así pensaba Cara de Ángel en su cama, casi dormido ya. Sólo Camila seguía en sus pensamientos, dulce y cruel como una herida, mientras él caía y caía en el sueño. De repente un ruido lo despertó. Cara de Ángel levantó la cabeza asustado. A dos pasos de su cama había un niño, que casi no podía hablar. Por fin dijo:

–Es que... manda a decir... la señora del mesón... que vaya para allí... porque la señorita... está muy... grave...

Salió a la calle con el primer sombrero que encontró, sin atarse los zapatos, mal hecho el nudo de la corbata...

–¿Cómo dice, doctor? –preguntó suavemente Cara de Ángel.

–Es lo que yo creía, la fiebre todavía tiene que subir. La pulmonía[41] es así...

XVI

INFORME AL SEÑOR PRESIDENTE

Día 28 de abril...

1. Alejandra, viuda de Bran, que vive en esta ciudad, propietaria de la tienda de colchones «La Ballena Franca», informa: por quedar su establecimiento comercial vecino al mesón «El Tus-Tep», ha podido observar que en ese local se reúnen frecuentemente, sobre todo por las noches, algunas personas con el sano propósito de visitar a una enferma. Que lo hace saber al Señor Presidente porque ella imagina que en ese mesón está escondido el general Eusebio Canales, por las conversaciones que ha escuchado a través de la pared. Y que las personas que allí llegan son peligrosas para la seguridad del Estado y para la preciosa vida del Señor Presidente.

2. El coronel Prudencio Perfecto Paz informa: el viaje que hizo últimamente a la frontera fue con el fin de ver las condiciones de los caminos y para tener una idea de los lugares que se deben ocupar. Describe con detalle un plan de defensa que puede desarrollarse en los puntos que considera mejores en caso de que comience una revolución. Afirma que es verdadera la noticia de que en la frontera hay gente preparada para entrar en nuestro país. Que cuentan con

El Señor Presidente

muchas armas, bombas de mano y otros materiales de guerra. Que el grupo de los revolucionarios[33] es de unos veinticinco o treinta hombres, quienes atacan a los soldados de nuestro Ejército, a cada momento. Que no ha podido comprobar la noticia de que Canales sea quien los dirija, pero que, si es así, seguramente entrarán en nuestro país. Que él está listo para el caso de que esto suceda a principios del mes próximo como se afirma, pero que no tiene armas suficientes. Que, con excepción de algunos pocos enfermos que reciben la atención necesaria, los soldados están bien y se les da instrucción cada día de seis a ocho de la mañana.

3. Nicomedes Acituno escribe informando: cuando regresaba a esta capital, de donde sale frecuentemente por asuntos comerciales, encontró en uno de los caminos que el letrero donde está escrito el nombre del Señor Presidente había sido destruido casi totalmente. Que le faltaban seis letras y otras estaban en muy malas condiciones.

4. Lucio Vázquez, preso en la Cárcel Central por orden del Auditor de Guerra, solicita ser recibido por el Señor Presidente.

5. Catarino Regisio hace saber: en el tiempo en que llevaba la administración de la estancia* «La Tierra», propiedad del general Eusebio Canales, en agosto del año pasado, este señor recibió un día a cuatro amigos que vinieron a verlo. Después de algunas copas, el general les comunicó que, si la revolución lograba tomar fuerza, él podía contar con una parte importante del Ejército, mandada por un mayor[42] de apellido Farfán y por otro coronel de quien no dijo el nombre. Como siguen circulando las noticias sobre una revolución, lo hace saber al Señor Presidente por escrito, ya que no le fue posible hacerlo personalmente, a pesar de haber pedido varias veces ser recibido.

6. Alfredo Toledano, de esta ciudad, informa: como siempre se duerme tarde durante la noche, sorprendió a uno de los amigos del

Señor Presidente, Miguel Cara de Ángel, llamando con toquidos violentos a la casa de don Juan Canales. Y que éste, hermano del general del mismo apellido, aprovecha cada ocasión que tiene para hablar mal del Gobierno. Lo hace saber al Señor Presidente por el interés que pueda tener.

7. Adelaida Peñal, famosa mujer pública[43], se dirige al Señor Presidente para hacerle saber: el mayor Modesto Farfán le afirmó, estando borracho, que el general Eusebio Canales era el único general de verdad que él había conocido en el Ejército. Afirmaba también que la desgracia actual del general se debía al miedo que el Señor Presidente tenía a los jefes inteligentes y que, sin embargo, la revolución iba a tener éxito.

XVII

LOS PASOS DE LA MUERTE

EL cura vino a toda velocidad. Por menos corren otros. «¿Qué puede valer más en el mundo que un alma?» –se preguntaba por el camino–. Al entrar él –lo seguían las vecinas amigas de ir allí donde se acerca la muerte–, Cara de Ángel se arrancó del lado de Camila con pasos que sonaban a dolor profundo. La mesonera arrastró una silla para el Padre y luego se alejaron todos.

–Hijita, ¿cuánto hace que no te confiesas?

–Dos meses...

–Di tus pecados...

–Me acuso, Padre, de que he mentido..., he peleado con mis amigas... de que he faltado a misa.

La enferma y el cura hablaban en voz muy baja. La muerte asistía de cerca esperando el momento de llevarse a la joven.

En la mitad de la habitación, Cara de Ángel, la mesonera y las vecinas, se consultaban, sin decir palabra, temores y esperanzas con los ojos. La puerta medio abierta dejaba ver en las calles llenas de luz la iglesia de la Merced, las casas y las pocas personas que por allí pasaban. Cara de Ángel sufría al ver a esas personas que iban y venían sin importarles que Camila se estuviera muriendo.

Por el silencio se arrastraban las palabras con que el cura comunicaba su perdón... La enferma tosió. El aire rompía sus débiles pulmones. Todo lo que lo rodeaba hizo nacer en la mente del hombre de confianza del Señor Presidente una extraña idea. Pensó que si él salvaba a un hombre que estaba en gravísimo peligro de muerte, Dios, a cambio, tal vez le daba la vida de Camila, lo que según la ciencia ya era imposible.

El cura se marchó sin hacer ruido; detrás salieron las vecinas curiosas y Cara de Ángel, que corría a realizar lo que se había propuesto. La calle de Jesús, la calle del Caballo Rubio y por fin el cuartel. Aquí, preguntó al oficial de guardia por el mayor Modesto Farfán. Le dijeron que esperara un momento y el soldado que fue a buscarlo entró gritando:

—¡Mayor Farfán!... ¡Mayor Farfán!...

La voz se perdía en el enorme patio sin respuesta. El hombre de confianza del Presidente se quedó a pocos pasos de la puerta. Pero el mayor Farfán no estaba en el cuartel. Un soldado se asomó a un balcón y le informó de que a esas horas y de noche sólo lo podría encontrar en «El Dulce Encanto», porque el mayor repartía su tiempo entre el Ejército y el amor.

En «El Dulce Encanto», donde varias mujeres mantenían vivo el más antiguo oficio, el mayor Farfán acompañaba con su voz monótona de borracho la música que sonaba. De pronto, miró a su alrededor y, al darse cuenta de que Adelaida Peñal ya no estaba junto a él, dejó de cantar y dijo a gritos:

—¿Dónde está Adelaida? ¿Está ocupada? Pues me voy... ya loc... creo que me voy. ¿Pues por qué no me iba a ir?

Se levantó con dificultad, sosteniéndose en la mesa, en las sillas, en la pared, y fue, casi cayéndose, hacia la puerta que le abrieron rápidamente.

El Señor Presidente

Cara de Ángel lo alcanzó ya en la calle y logró despertar al mayor en la barra de un mesón, después de hacerle beber un café muy fuerte.

—¿No me reconoce, mi mayor? Soy Miguel Cara de Ángel, para servir a usted.

El mayor hizo el saludo militar.

—Perdóneme, vea que no lo había reconocido; es verdad, usted es el que está siempre con el Señor Presidente.

—Yo necesitaba hablarle a solas... Lo que le voy a decir no debe usted repetirlo a nadie.

—Le doy mi palabra...

Cara de Ángel apretó con gusto la mano de Farfán y, con los ojos puestos en la puerta, le dijo en voz muy baja:

—Sé, por muy buenas informaciones, que existe una orden para terminar con su vida. Han dado instrucciones al Hospital Militar para que le den una medicina definitiva la primera vez que usted llegue allí, enfermo por el alcohol. La mujer que usted visita en «El Dulce Encanto» informó al Señor Presidente de que usted está de acuerdo con la revolución.

Farfán, herido por estas palabras, levantó los puños violentamente.

—¡Ah, la muy cobarde! Y ¿qué hago yo ahora, Dios mío?

—En primer lugar, no beber más, así evita el problema más urgente, y no vuelva a comer en el comedor de oficiales...

—No tengo cómo pagarle.

—Con el silencio...

—Naturalmente, pero eso no es bastante; en fin, ya tendré ocasión. Desde luego, cuente usted siempre con este hombre que le debe la vida.

—Como amigo le aconsejo también que busque la manera de tener contento al Señor Presidente.

Los dos pensaron que ayudar en algún crimen era el mejor medio para ganarse la amistad del Señor Presidente. Hacer desaparecer a algún enemigo político era el mejor camino.

–Es usted buenísimo.

–No, mayor, no debe darme las gracias. He prometido a Dios salvarlo, para que Él dé la salud a una enferma que tengo muy, muy grave. Cambio su vida por la de ella.

Al marcharse el mayor, Cara de Ángel se tocó para saber si él, que había empujado a tantos hombres hacia la muerte, era el mismo que empujaba ahora a un hombre hacia la vida.

XVIII

EN CAMINO HACIA LA FRONTERA

EL caballo del general Canales, agotado ya, andaba a paso lento en la última luz del día que terminaba. El general, como un paquete sin vida, cogido a la silla con las dos manos, se movía de un lado a otro con peligro de caer. Había subido y bajado montañas, cruzado anchos ríos de aguas inquietas. Había corrido por campos llenos de barro, por bosques cerrados y oscuros, por caminos con historias de espíritus y asesinos.

La noche andaba con paso ligero. Un bulto bajó al hombre de su caballo, lo llevó a un rancho* abandonado y se marchó sin hacer ruido. Pero volvió en seguida. Sin duda fue por ahí no más*, por donde cantaban los chiquirines*: ¡Chiquirín!, ¡chiquirín!... ¡Chiquirín!, ¡chiquirín!... Y así varias veces. Entraba y salía. Iba y volvía. Por último se quedó en el rancho.

El viento saltaba entre las ramas de los árboles. El nuevo día iba llegando. Los objetos empezaban a tomar vida a los ojos de un hombre sentado junto a la puerta, religioso y tímido. Anoche un bulto, hoy un hombre, éste fue el que recogió al general. Al amanecer encendió el fuego.

El general se despertó asustado por lo que veía y se sintió extraño en su propio cuerpo. Se levantó de un salto y se asomó a la puerta con la pistola en la mano. Sin preocuparse por el arma, el indio le señaló el café que estaba preparando. Pero el general no le hizo caso. Poco a poco se asomó a la puerta –la casa, sin duda, estaba rodeada de soldados– pero encontró sólo el ancho campo bajo las primeras luces del día. Se quedó escuchando para acabar de creer lo que veía y no oyó nada, sólo la música de los pájaros y el lento caminar de un río.

–¡No serás autoridá**! –dijo en voz baja el hombre que lo había bajado del caballo, tratando de esconder unas mazorcas de maíz[44] detrás de su cuerpo.

–Me estoy escapando... –contestó con voz amarga Eusebio Canales.

El hombre dejó de tapar las mazorcas y se acercó al general para llevarle un guacal* de café caliente.

–Lo mismo yo, siñor**, estoy escondiéndome de la policía porque me jui** a robar el maíz. Pero no soy ladrón, porque ese campo era mío y me lo quitaron con las mulas...

El general Canales se interesó por la conversación del indio, que debía explicarle qué quería decir «robar y no ser ladrón».

–Vas a ver, tatita*, robo sin ser ladrón, pues antes yo era dueño de un campito, cerca de aquí, y de ocho mulas. Tenía mi casa, mi mujer y mis hijos, y era bueno como vos. Pero hace tres años vino el alcalde y me mandó que le juera** a llevar madera de pino en mis mulas para el día del cumpleaños del Señor Presidente. Yo la llevé, señor, ¡qué otra cosa podía hacer yo! Pero, cuando vio mis mulas, me mandó poner preso y, con otras autoridades, se repartieron mis animales.

Una sonrisa amarga aparecía y desaparecía bajo el bigote del viejo militar. El indio continuó sin cambiar de voz:

El Señor Presidente

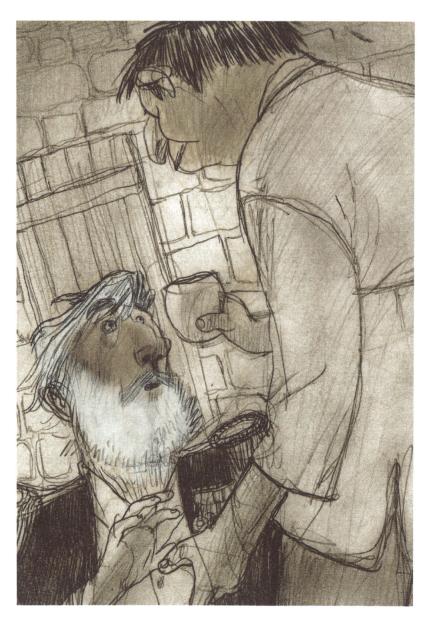

—Estoy escondiéndome de la policía porque me jui a robar el maíz. Pero no soy ladrón, porque ese campo era mío y me lo quitaron con las mulas...

–Cuando salí de la cárcel y llegué a mi casa, supe que se habían llevado a mis hijos al Ejército y que por tres mil pesos los dejaban libres. Como mis hijos eran muy jovencitos, corrí a hablar con las autoridades militares. Les pedí que los tuvieran presos mientras yo conseguía el dinero, pero que no me los hicieran soldados. Jui** a la ciudad para pedir dinero prestado poniendo yo mi campo como seguro de que lo devolvería. Allí el abogado escribió un documento de acuerdo con un señor extranjero. En el documento decía que me prestaban tres mil pesos sobre mi campito; eso jue** lo que me leyeron, no jue** lo que escribieron. Al poco, mandaron a un abogado del ayuntamiento para decirme que saliera de mi tierra porque ya no era mía. Decía que se la había vendido al señor extranjero por tres mil pesos. Yo dije y repetí mil veces que no era cierto pero no me creyeron a mí, sino al abogado. Así, tuve que salir de mi campito. A mis hijos, a pesar de que me quitaron los tres mil pesos, me los pusieron de soldados y uno de ellos murió en la frontera. Mi mujer murió también al poco tiempo. Y es por eso, tatita, que robo sin ser ladrón, aunque me maten a golpes y me metan en la cárcel...

–¡Lo que defendemos los militares!

–¿Qué decís, tata?

En el corazón del viejo Canales se despertaban los sentimientos que acompañan las tormentas del alma del hombre bueno en presencia de lo que no es justo. «¿Cuál es la realidad? –se preguntaba–. No haber pensado nunca con la cabeza, haber pensado siempre con el sombrero militar; ésa es la realidad. Ser militar para mantener en el poder a un grupo de ladrones y asesinos es mucho más triste que morirse de hambre en el extranjero. ¿Por qué nos exigen a los militares que obedezcamos a unos gobiernos que no defienden las ideas, la tierra, la raza[45]?»

El indio contemplaba al general como a un ser raro, sin comprender las pocas palabras que decía.

El Señor Presidente

—¡Vámonos, tatita..., que los soldados van a venir!

Canales propuso al indio que se fuera con él, y el indio, que sin su campo era como un árbol seco, aceptó.

Salieron de la casa sin apagar el fuego. Tuvieron que abrirse camino por tierras difíciles, entre selvas, entre montes. Sombra. Luz. Sombra. Luz. Vieron pasar el tiempo lentamente mientras el camino subía y bajaba. Agua con sed. Trópico[46]. El calor, siempre igual, siempre el calor...

—Pienso que andando toda la noche podremos llegar mañana a la frontera y no sería malo que fuéramos un poco por la carretera para conseguir alimentos en el pueblo próximo.

—Tata, ¿por la carretera? ¡Nos van a ver los soldados!

En cuanto se acercaron a la carretera, el ruido de muchos caballos dio la razón al indio.

—¡Los soldados, tatita, yo sé lo que te digo! Ahora no hay más que ir por aquí, aunque tengamos que dar una gran vuelta para llegar al pueblo.

Detrás del indio siguió el general por un camino difícil. Tuvo que bajarse y tirar del caballo. Una gran nube de polvo fue todo lo que quedó de los soldados que pasaban por el lugar que acababan de dejar. Oscureció en seguida. Árboles y pájaros parecían anuncios extraños en el viento que iba y venía. Anduvieron toda la noche.

Con las primeras luces del día se acercaron al pueblo, pero el paso de sus animales despertó a los perros; los perros despertaron a las gallinas y las gallinas a la gente que volvía a la vida con miedo. Era más prudente alejarse de nuevo y así lo hicieron. Los esperaba otro largo día de camino, otras selvas, montes y ríos. Y la sed y el hambre.

Cuando nacía un nuevo día se despidieron en la frontera. Sobre el campo verde, sobre los enormes bosques que los pájaros convertían en cajas de música, pasaban las nubes como pálidas sombras que recordaban los muchos peligros pasados.

XIX

MATRIMONIO DE ÚLTIMA HORA

DE cada casa salió una mujer curiosa: «¡Enferma grave en el barrio!» «¡Enferma grave en el barrio!» ¡Qué alegre! No lo pensaban, pero casi lo decían. Hablaban a media voz, reunidas en la sala del mesón, tratando de no romper el silencio que envolvía la cama de la enferma, ni molestar al señor que la acompañaba noche y día. Un señor muy atento y preocupado.

Sin hacer ruido se acercaban a la cama de la enferma, más por verle la cara al señor que por saber de Camila. Tanto preguntaron a la mesonera que, por fin, le sacaron la llave del secreto. Era su novio. ¡Su novio! ¡Su novio! Cada una de ellas repitió la palabrita miles de veces.

Cara de Ángel no se fijó en las curiosas que, realizando una buena obra, además de visitar a la enferma se acercaron a animar al novio. Les dio las gracias sin oír lo que le decían, únicamente atento a las quejas de dolor de Camila. Perdidas sus fuerzas por la pena, sentía su cuerpo cada vez más frío. Sólo el médico rompía el ir y venir de sus pensamientos.

–Entonces, doctor...

El Señor Presidente

–La ciencia ya no puede hacer nada, sólo Dios...

Cara de Ángel repitió las palabras del médico: «Sólo Dios». Sentía la necesidad de gritar a Dios que le devolviera esa vida, mientras el mundo se le escapaba de las manos.

Las vecinas esperaban de un momento a otro el fin de aquella vida suspirando una y otra vez: «¡Ya descansa en paz! ¡Llegó su hora! ¡Pobre novio! ¡Que se haga lo que Dios quiera!».

Y fue una de ellas, Petronila, quien propuso la solución: «A la muerte, únicamente le puede ganar el amor, porque los dos son igualmente fuertes. Y si el novio de esta señorita la quiere tanto, puede salvarla si se casa con ella».

Todas las vecinas dieron por buena la idea. ¿Por qué no probar esta medicina cuando ya no quedaba ninguna esperanza? Se encargó a la mesonera que hablara con el cura:

–Un novio que la quiere mucho. Y aunque es cierto que la raptó, la ha respetado en espera de la boda. Un novio que la quiere tanto que se va a morir con ella.

–¿Y los médicos?..., ¿es que ya no pueden hacer nada?

–¡Nada! Dicen que la ciencia ya no puede ayudar. Sólo Dios...

Ese mismo día, Camila y Cara de Ángel se casaron ante las puertas de la muerte. La mano, caliente por la fiebre, de Cara de Ángel tomó la mano, delgada y fría, de Camila para cumplir con la ceremonia de dar vida a un matrimonio de última hora.

XX

EL SEÑOR PRESIDENTE

CARA de Ángel, llamado con urgencia de la casa del Señor Presidente, comprobó el estado de Camila y comenzó a dudar si iba o no iba. El Señor Presidente o Camila, Camila o el Señor Presidente...

Todavía sentía en la espalda la mano de la mesonera que lo empujaba. Era la ocasión de pedir por Lucio Vázquez. «Vaya, yo me quedo aquí cuidando de la enferma.»

En la calle respiró profundamente. Iba en un coche tirado por veloces caballos. Seguía pensando en el general Canales. ¿Lo llamaban para informarle?... ¡No podía ser!... ¿Por qué no podía ser? ¿Lo agarraron y lo mataron?... ¿O no lo mataron y lo traen preso?... Cara de Ángel apretó las manos con fuerza. El ruido del coche se perdía entre los mil ruidos de la noche que se cerraba lentamente.

El Secretario de la Guerra, que lo esperaba en la puerta, lo llevó a las habitaciones del Señor Presidente.

–General –Cara de Ángel tomó de un brazo al Secretario–, ¿no sabe para qué me querrá el patrón?

–No, don Miguelito, no lo sé –aunque su amplia sonrisa dejaba ver que sí lo sabía.

El Señor Presidente

Cara de Ángel comenzó a darse cuenta de la situación. Al asomar a la puerta, vio un bosque de botellas sobre una mesa redonda. En el fondo de la habitación apareció el Señor Presidente con el difícil paso del borracho.

–Señor Presidente –saludó el hombre de confianza, e iba a ponerse a sus órdenes cuando el Señor Presidente lo detuvo.

–¡No me digas nada! Miguel, el que encontró el alcohol, ¿tú sabes que lo que buscaba era una bebida que diera larga vida?

–No, Señor Presidente, no lo sabía.

–Es extraño, porque tú eres una persona de una gran cultura.

–Extraño para un hombre como el Señor Presidente, que con justos motivos es considerado en el mundo como uno de los mejores políticos de los tiempos modernos, pero no para mí.

–¡Sí, yo sé muchas cosas!

Y diciendo esto dejó caer la mano sobre las botellas de whisky y le sirvió un vaso a Cara de Ángel.

–Bebe, Miguel... ¡Ja! ¡Ja! ¡Ja! –comenzó a reír señalando a Cara de Ángel–. ¡Ja! ¡Ja! ¡Ja! Matrimonio de última hora... –y volvió a reír con todas sus fuerzas–. Matrimonio en las puertas de la muerte... ¡Ja! ¡Ja! ¡Ja!

El hombre de confianza se puso pálido. En la mano le temblaba el vaso de whisky que le acababa de ofrecer.

–El Se...

–ÑORRR Presidente todo lo sabe. ¡Ja! ¡Ja! ¡Ja!... Matrimonio de última hora y por consejo de un grupo de vecinas curiosas y amigas de novelas... ¡Ja! ¡Ja! ¡Ja!

A Cara de Ángel le resultó difícil no demostrar cuánto odiaba en ese momento al Señor Presidente. Acababa de estar a punto de golpearlo hasta apagarle la risa en la boca. Pero no lo hizo, y tuvo vergüenza de sí mismo. Seguía siendo el perro educado, contento con la parte de basura que le tocaba.

El Presidente perseguía una mosca con la mirada.

–Miguel, ¿tú no conoces el juego de la mosca...?

–No, Señor Presidente.

–¡Ah, es verdad que túuuU..., matrimonio de última hora!... ¡Ja! ¡Ja! ¡Ja! –y siguió persiguiendo la mosca–. Miguel –se paró a decir–, el juego de la mosca es de lo más fácil de aprender; lo que se necesita es paciencia. En mi pueblo yo me entretenía de niño con este juego.

Al decir esto se le oscureció la cara, se volvió al mapa de la República, que en ese momento tenía a la espalda, y dio un puñetazo sobre el nombre de su pueblo.

Recordaba las calles en las que anduvo de niño, pobre, muy pobre. Recordaba las calles en las que anduvo de joven, obligado a ganarse el pan, en tanto que los chicos de buena familia se pasaban la vida divirtiéndose a todas horas. Él, estudiando de noche, mientras su madre dormía en una cama muy pobre. Y se vio más tarde en su oficina de abogado de tercera clase, entre gente de mal vivir, mientras los casos importantes quedaban para los abogados de primera.

Una después de otra se tomó muchas copas: «¡Mala gente!».

Cara de Ángel lo sostuvo del brazo.

–¡Mala gente! –añadió a media voz–. Por eso siempre he querido a Parrales Sonriente y lo iba a hacer general, porque él potreó* a los habitantes de mi pueblo, los trató con mano dura. Y si no hubiera sido por mi madre, habría acabado con todos para hacerles pagar con su sangre el mal que me hicieron y que sólo yo sé. Y no soporto, porque no soporto, que lo hayan matado. Cuando por todos lados corren los peligros contra mi vida, me dejan los amigos, aumentan mis enemigos... ¡No!, ¡no!, de ese Portal no quedará ni una piedra.

El Señor Presidente no se podía tener en pie; entre el Secretario y Cara de Ángel lo llevaron arrastrando a una cama. Lloraba y repetía: ¡Mala gente!, ¡mala gente!

El Señor Presidente

–Lo felicito, don Miguelito, lo felicito –le dijo el Secretario en voz baja cuando ya salían–; el Señor Presidente ordenó que se diera la noticia de su boda en los periódicos y él está el primero en la lista de padrinos.

Salieron al pasillo. El Secretario subió la voz.

–Y eso que al principio no estaba muy contento con usted. «Un amigo de Parrales Sonriente no debía haber hecho lo que este Miguel ha hecho –me dijo–. En todo caso debió preguntarme antes de casarse con la hija de uno de mis enemigos.» Le están haciendo la cama[47], don Miguelito, tenga cuidado. Por supuesto, yo traté de hacerle ver que el amor es fregado* y lleno de engaños.

–Muchas gracias, general.

–¡Venga a ver *El Nacional*! –continuó el Secretario, empujándolo a su oficina–. La foto de la señora se la pedimos a su tío Juan. ¡Muy guapa, amigo, muy guapa!

Cara de Ángel se agarró al periódico con fuerza. Además del Señor Presidente aparecían los nombres de don Juan Canales y de su hermano don José Antonio.

Boda en el gran mundo. Ayer por la noche celebraron su matrimonio la bella señorita Camila Canales y el señor don Miguel Cara de Ángel. La ceremonia se realizó en la casa del Señor Presidente de la República y los padrinos fueron... y aquí la larga lista que comenzaba con el Señor Presidente y seguía con los señores ministros, generales y los tíos de la novia. Cara de Ángel no supo dónde poner los ojos. *Sigue la batalla de Verdún[48]. Un último intento del ejército alemán se espera para esta noche...* Levantó la vista del periódico. Camila, la única persona a la que quería de verdad, estaba ya metida en el mismo baile que bailaban todos.

–Lo ve y no lo cree, ¿verdá**?

–Verdad, mi general, y muchas gracias.

74

El coche en el que iba Cara de Ángel partió sin ruido, como una sombra tirada por caballos de humo. Todavía tenía frescas las ganas de dar muerte al Señor Presidente.

XXI

LUZ PARA CIEGOS

CAMILA se encontró en mitad de la habitación sostenida por el brazo de su marido. La puerta principal daba a un patio con olor a gatos y flores; la ventana, a la ciudad adonde la trajeron para que encontrara nuevamente las fuerzas que la enfermedad le había robado.

A pesar del sol que empezaba a dar color a su piel y del aire que llenaba sus pulmones, Camila se preguntaba si era ella la que iba andando. Los pies le quedaban grandes, las piernas demasiado largas; andaba fuera del mundo. Había muerto sin dejar de existir, como en un sueño, y recordaba reuniendo los trozos de esa vida que ya no vivía. Su papá, su casa, su vieja criada, eran parte de su primera existencia. Su marido, la casa en la que estaban pasando el verano, las criadas, eran su segunda existencia. Era y no era ella la que iba andando. Sensación de volver a la vida en otra vida.

Pronto pudo correr nuevamente y hacer una vida normal; pero seguía enferma porque sentía que nada era suyo, excepto su marido desde que la besó dulcemente en la cara. No dejó que él se alejara porque era lo único suyo en un mundo que le era extraño.

Cara de Ángel sintió que su esposa tenía frío y la acompañó a su habitación, pintada por la suave luz de la luna. Se acostaron hablando de una habitación a otra. Una puertecita comunicaba los dormitorios. Él hablaba de las pequeñas cosas de cada día para introducir un ambiente de familia en aquella enorme casa que daba la sensación de estar vacía. Pero, sobre todo, intentaba no pensar en esa puertecita estrecha que aún lo separaba de aquello que nunca había querido tomar por la fuerza.

Cara de Ángel saltó de la cama. Se sentía muy lejos de Camila por una falta de la que ellos no eran culpables, por un matrimonio que ninguno de los dos había solicitado. Ella cerró los ojos. Los pasos se alejaron hacia una ventana. El sueño ocupó sin prisa el lugar de los pensamientos en la mente de Camila. Cara de Ángel cerró la ventana. En el dormitorio de ella se sentía su lento respirar, como si en el pecho le pesara una sombra.

En esos días fueron a los baños[49]. Cara de Ángel la tomó por la cintura y la condujo por un camino que corría entre la sombra caliente de los árboles. A Camila se le sentía el cuerpo a través de la blusa fina. El aire les desordenaba el pelo. En el agua se estaba durmiendo el sol. Un empleado los saludó con un movimiento de cabeza. Le pidieron dos baños. Fue a traer las llaves y les abrió dos cuartitos separados por una pared. Cada cual ocupó el suyo, pero antes corrieron a darse un beso.

Perdidos en los ruidos del bosque, lejos uno de otro, se sentían extraños. Camila gritó al tocar el agua fría con los pies, pero finalmente... ¡chiplungún! El güipil* se le pegó al cuerpo: sus pechos, su vientre habían vuelto a tomar su aspecto de siempre. En el silencio, sentía que un espíritu raro daba vueltas alrededor de los baños: la Siguemonta. Pero oyó la voz de su marido que preguntaba en la puerta si se podía entrar, y se sintió segura.

El agua saltaba con ellos como animal contento. La luz llenaba el ambiente y dibujaba sombras con sus cuerpos que jugaban por las

El Señor Presidente

paredes. El aire traía el olor del suquinay*, la presencia lejana de los volcanes[50], el continuo volar de las moscas verdes.

El empleado asomó a la puerta preguntando si eran para los señores los caballos que mandaban de «Las Quebraditas». El tiempo de salir del baño y de vestirse. Los caballos se quitaban las moscas con la cola al pie de un amate*. El muchacho que los trajo se acercó a saludar a Cara de Ángel con el sombrero en la mano.

—¡Ah, eres tú; buenos días! ¿Y qué haces por aquí?

—Trabajando, desde que usté** me hizo el favor de sacarme del cuartel.

—Creo que ya es tarde...

—Así parece, patrón.

Cara de Ángel preguntó a Camila si se marchaban ya.

—A la hora que tú digas.

—Pero ¿no tienes hambre? ¿No quieres alguna cosa?

—¡Unos huevitos! —dijo el muchacho, y de la bolsa de la chaqueta sacó un pañuelo en el que traía envueltos tres huevos.

—Muchas gracias —dijo Camila—, tienen aspecto de estar muy frescos.

—¡Claro que sí, señora, estos huevitos son puro buenos*! Bien estaría que la señora se los bebiera, que de aquí pa** allá está un poco alejado y puede que le dé hambre.

—No, no tengo ganas y me puede hacer mal —contestó Camila.

—¡Yo lo digo porque veyo** que la señora está un poco pálida!

—Es que aquí, como me ve, acabo de levantarme de la cama.

—Sí —dijo Cara de Ángel—, estuvo muy enferma.

—Pero ahora se va a poner buena —contestó el muchacho—; a las mujeres, como a las flores, hay que darles mucha agua. ¡Guapa se va a poner con la vida de casada!

Camila bajó la mirada mientras en su cara aparecía un suave color rojo, pero antes su marido y ella se miraron llenos de pasión, cerrando, sin palabras, el secreto acuerdo que entre los dos faltaba.

XXII

LUCES Y SOMBRAS

SI la suerte no nos hubiera reunido... –solían decirse–. Y les daba tanto miedo haber corrido este peligro, que si estaban separados se buscaban; si se veían cerca se abrazaban; si se tenían en los brazos se besaban. Se miraban unidos y se encontraban tan limpios, tan felices que caían en una total falta de memoria sobre todo lo que no fuera su amor.

Pero los espíritus oscuros estudiaron el caso. Si la suerte no los hubiera reunido, ¿serían felices? En el mundo de la oscuridad se decidió destruir la inútil belleza del mundo de la luz, y empezaron a perseguirlos las sombras de una culpa húmeda llena de dudas.

Ni ella ni él podían faltar a la fiesta que esa noche daba el Presidente de la República en su casa de campo.

El reloj sonó horas en el comedor. Se encontraron como en casa ajena, sin saber qué hacer, tristes de verse juntos entre un sofá, un espejo y otros muebles. Se sentían fuera del mundo maravilloso en que habían pasado sus primeros meses de casados, con lástima uno del otro, lástima y vergüenza de ser ellos. Comieron sin hablar siguiendo el tic-tac que les acercaba la fiesta a golpecitos.

El Señor Presidente

–Tengan cuidado, no se vayan a quedar las luces encendidas; las apagan y cierran bien las puertas –recomendó Camila a las criadas que los veían salir desde la puerta. El coche desapareció con ellos a toda velocidad. A veces, el movimiento del coche los levantaba de sus asientos, pequeños saltos que asustaban a Camila.

Los enemigos de Cara de Ángel contaban que él ya no estaba dentro del grupo de los amigos del Señor Presidente. Proponían que, en lugar de llamarlo por su nombre, lo llamaran Miguel Canales. Cara de Ángel imaginaba la sorpresa que se iban a dar al verlo en la fiesta.

El coche se detuvo a la salida de un pueblecito. Un soldado se dirigió hacia ellos, los reconoció y ordenó que siguieran. El viento suspiraba entre los campos de maíz. Los árboles dormían. Doscientos metros más adelante se acercaron a reconocerlos dos oficiales, pero el coche casi no se paró. Y ya en la casa del Presidente, tres coroneles se acercaron para controlar el coche.

Cara de Ángel saludó a los oficiales del Estado Mayor[51]. (Era bello y malo como Satán.) Camila habría querido pasar sin que la vieran. Pero imposible. Su gran belleza, sus ojos verdes, su cuerpo fino, repetido en el traje de seda blanco, y, sobre todo, su origen: hija del general Canales.

Una señora comentó en un grupo:

–No vale la pena. Una mujer que no tiene mucho. Bien se ve que era mengala*...

–Y que mandó arreglar su vestido de boda para ir a las fiestas –añadió otra–. Digo lo del vestido porque se ve que están pobres.

–¡Claro que están pobres! –dijo una de pelo rubio, y luego añadió en voz baja–. ¡Si dicen que el Señor Presidente no le da nada desde que se casó con ésta!

–Pero Cara de Ángel es muy especial...

Miguel Ángel Asturias

—¡Claro que están pobres! ¡Si dicen que el Señor Presidente no le da nada desde que se casó con ésta!
—Pero Cara de Ángel es muy especial...

El Señor Presidente

–¡Era!, dirá usted. Porque según dicen, Cara de Ángel se robó a la que es su mujer para taparle los ojos a la policía, y que su suegro, el general, pudiera escaparse.

Camila y Cara de Ángel se acercaron a saludar al Presidente. Cara de Ángel presentó a su esposa. El amo le dio a Camila su mano pequeñita, y puso sobre ella los ojos mientras repetía su nombre, como diciéndole: «¡Mire bien quién soy!».

Los criados repartían champán, pastelitos, chocolates, cigarrillos. El champán encendía el fuego helado de la fiesta y todo parecía real en los espejos tranquilos, pero falso en los ricos salones oficiales.

–General... –se hizo oír la voz del Presidente–, haga salir a los señores, que quiero cenar solo con las señoras...

Por las puertas que daban a la noche clara empezaron a salir los hombres en grupo, unos dándose prisa por cumplir rápido la orden del amo, otros tratando de no mostrarse enfadados. Los oficiales cerraron las puertas. El frío molestaba a los hombres que, en los jardines, sufrían la fiesta como una pesada culpa. Mientras en el salón, cómodo y agradable, el Señor Presidente se alegraba con música y poemas de amor, rodeado de un abundante ejército femenino.

De pronto, el Presidente se levantó furioso. Sus pasos se oyeron como los de un animal que escapa y desapareció por una puerta golpeándose las espaldas con las cortinas que separó al pasar.

Todos quedaron sorprendidos, pequeñitos, vacíos. Un camarero comunicó que la cena estaba servida. Se abrieron las puertas y mientras los caballeros entraban, un oficial vino hacia Camila y la invitó a cenar. Ella se puso en pie e iba a darle el brazo cuando una mano la agarró del hombro por detrás. Casi da un grito. Cara de Ángel había estado todo el tiempo escondido detrás de una cortina a espaldas de su esposa; todos presenciaron cómo salía.

XXIII

LA REVOLUCIÓN

ERA necesario comprenderlo, pero no lo comprendían, ocupados como estaban en limpiar las armas con grasa y pedazos de falda que todavía olían a mujer. Mejor era poner en juego la vida que permitir que la muerte se los fuera llevando uno por uno, sin poder dar una vida mejor a sus hijos ni a nadie. Era necesario comprenderlo, pero no lo comprendían.

Amanecía. Los soldados de la revolución no comprendían por qué se retrasaba la orden de ir a buscar al enemigo. Listos como estaban para comenzar la guerra, no comprendían por qué seguían quietos como si una extraña fuerza les robara el movimiento y les fuera volviendo de piedra.

La lluvia corría por la cara y la espalda desnuda de los soldados cuando comenzaron a oírse las primeras noticias. Al principio sólo fueron pequeñas voces que, por miedo a la verdad, no decían todo lo que sabían. Algo muy hondo se hacía duro en el corazón de los soldados y como por una sola herida terrible surgió el dolor en todo el campo: el general Canales había muerto.

El Señor Presidente

Había muerto de repente, al acabar de comer, cuando salía con la intención de dirigir a su Ejército. Y ahora la orden era de esperar. «¡Algo le dieron, raíz de chiltepe*, que no deja rastro cuando mata, que qué casualidad que muriera en ese momento!» –dijo una voz–. «¡Y es que se debía haber cuidado!» –añadió otro–. «¡Ahhh! ¿Su hija?...» –se oyó a un tercero–. Y después de un largo rato: «¡Ah!; ¡mala mujer!, ella lo mató».

Y con cada uno de los que contaban lo sucedido, el general Canales volvía a la vida para repetir su muerte: se sentaba a comer delante de una mesa sin mantel, se oía el ruido de los platos, se oía servir un vaso de agua, abría un periódico y... nada más, ni una queja. Sobre la mesa lo encontraron muerto, la cara sobre la fotografía de su hija en *El Nacional*.

Camila supo la muerte de su padre muchos días después. Una voz desconocida le dio la noticia por teléfono.

–Su padre murió al leer en el periódico que el Presidente de la República fue padrino de su boda...

–¡No es verdad! –gritó ella.

–¿Que no es verdad? –se rieron por el teléfono.

–No es verdad, no fue padri... ¡Aló*! ¡Aló! –ya habían cortado la comunicación–. ¡Aló!

Se dejó caer en un sillón. No sentía nada. ¡Muerto! ¡Muerto! Juntó las manos para romper algo y rompió a llorar en su interior, con las lágrimas heladas en sus ojos verdes.

84

XXIV

UNA ORDEN OFICIAL

EL Presidente se paseaba a lo largo de su oficina. Traje negro, sombrero negro, zapatos negros... Se sentó en un sofá, ofreciendo a Cara de Ángel el sillón más próximo.

–Aquí, Miguel, donde yo tengo que hacerlo todo porque me ha tocado gobernar en un pueblo de gente sin voluntad, debo pedir la ayuda de los amigos para lo que no puedo hacer yo mismo.

Se arregló el bigote con los dedos y continuó:

–Te digo todo esto porque me veo obligado a aprovechar tus servicios que, si cerca me son preciosos, todavía me son más necesarios fuera de la República; allí donde las mentiras de mis enemigos están a punto de arruinar mi nueva elección.

Dejó caer los ojos sin dejar de hablar.

–No me refiero a Canales y a sus compañeros: ¡la muerte ha sido siempre mi mejor ayuda! Miguel, me refiero a los que tratan de tener influencia en la opinión norteamericana con la intención de que Washington me retire su confianza. ¿Que soy un viejo que tiene la cabeza enferma y el corazón más duro que matilisguate*? ¡Mala gente! Sin embargo, tienen derecho a decirlo. Pero que los mismos

El Señor Presidente

que han nacido en nuestra tierra, por asuntos políticos, se aprovechen de lo que yo he hecho por salvar al país de esos ladrones, de esos hijos de tío y puta[52], eso sí que no tiene nombre. Mi nueva elección está en peligro y por eso te he mandado llamar. Necesito que vayas a Washington y que te informes de lo que sucede en ese cubo de basuras, en ese entierro, en el que para ser el bueno, como en todos los entierros, habría que ser el muerto.

—El Señor Presidente... —dijo Cara de Ángel con la intención de poner su situación en claro—. El Señor Presidente sabe que me tiene a sus órdenes para todo lo que él necesite. Sin embargo, si el Señor Presidente me permite dos palabras querría pedirle que me hiciera un gran favor. Antes de enviarme a un trabajo tan complicado, mande investigar si es o no cierto que soy un enemigo del Señor Presidente; o si son sólo mentiras de los que me acusan. Entre otros, el Auditor de Guerra.

—¿Pero quién está prestando atención a esas tonterías?

—El Señor Presidente no puede dudar de que yo obedezco sólo a su persona y a su gobierno, pero no quiero que me dé su confianza sin controlar antes si son verdad o no las palabras del Auditor.

—¡No te estoy preguntando, Miguel, qué es lo que debo hacer! Todo lo sé, y te voy a decir más todavía: en esta mesa tengo el proceso que el Auditor de Guerra abrió contra ti cuando Canales se escapó.

Cara de Ángel se quedó quieto, dueño de sus más mínimos gestos, pero tuvo que usar toda su fuerza de voluntad para controlar lo que sentía.

—Si el Señor Presidente me lo permitiera, preferiría quedarme a su lado y defenderlo con mi propia sangre.

—¿Quieres decir que no aceptas?

—De ninguna manera, Señor Presidente...

—Entonces, los periódicos darán mañana la noticia de que partes y no podemos dejar que la gente piense que soy un mentiroso. El

Ministro de la Guerra tiene orden de entregarte hoy mismo el dinero necesario para preparar el viaje; a la estación te mandaré el dinero que vayas a necesitar allí y las instrucciones.

Un miedo profundo, de reloj profundo que da las horas terribles, empezaba para Cara de Ángel.

Se despidió del Presidente y, al salir, el Ministro de la Guerra lo llamó para entregarle un paquete de billetes.

–¿No se va, general? –Cara de Ángel casi no encontraba las palabras.

–Si pudiera. Pero tengo que estar aquí –e hizo un movimiento con la cabeza–, escuchando la voz del amo.

XXV

EL VIAJE

Mientras llenaba las maletas, Camila se sentía cada vez más vacía: sin peso, sin cuerpo, sin espíritu.

—¡Entre vivir aquí y vivir lejos de ese animal peligroso! —repitió Cara de Ángel al cerrar la ventana.

—Pero... es que tengo miedo de que te pase algo.

—¡No es tan grave, mujer! El que me manda a Washington es él; él es el que me paga el viaje. Si cuando yo esté lejos cambia de opinión, te vienes tú, decimos que es porque yo estoy enfermo y después que nos mande a buscar...

—¿Y si no me dejan salir?

—Pues vuelvo yo con la boca cerrada y no hemos perdido nada. ¿No te parece?

—¡Tú todo lo ves tan fácil!

—Y con lo que tenemos podemos vivir en cualquier parte y no tendríamos que estarnos repitiendo a toda hora: «Pienso con la cabeza del Señor Presidente, luego existo...».

Camila se quedó mirándolo con los ojos como metidos en agua, los oídos como llenos de lluvia.

—Pero ¿por qué lloras...? No llores...

—¿Y qué quieres que haga?

—¡Te vas a poner mala si sigues llorando así! ¡Ya parece que me fuera a morir o me fueran a enterrar vivo!

—¡Déjame!

Cara de Ángel la guardó entre sus brazos. Por su cara de hombre duro para llorar corrían dos lágrimas torcidas.

—Pero me escribes —dijo suavemente Camila.

—Por supuesto...

—¡Te lo pido por favor! No me vayas a tener sin carta; para mí va a ser como morir si pasan los días sin saber de ti.

Cara de Ángel cerró las maletas sin quitar los ojos de su esposa. Llovía muy fuerte. Sentían dolor por el día próximo, tan próximo ya, y sin decir palabra se empezaron a quitar la ropa para meterse en la cama, entre el tijereteo[53] del reloj que les hacía pedazos las últimas horas —¡tijeretictac!, ¡tijeretictac!, ¡tijeretictac![53]...

Cara de Ángel la apretó contra su pecho. No se atrevía a apagar la luz, ni a cerrar los ojos, ni a decir palabra. Estaban tan cerca en la luz. Y luego, que en la oscuridad era como estar lejos; y luego, que con todo lo que querían decirse aquella última noche, todo les parecía dicho como por telegrama.

—Amor... —le dijo ella acercándose aún más a él.

Estrechamente unidos, llenándose de besos y de cariño, entre muertos y dormidos, como volando en el aire...

—¡Amor! —le dijo ella—... —¡Cielo! —le dijo él—... ¡Mi cielo! —le dijo ella...

Camila cerró los ojos... El peso de su marido... La lluvia... El reloj, más lento, ¡tijeretic!, ¡tijeretac!...

* * *

Cara de Ángel empezó a mirar en seguida los papeles que el Presidente le había mandado con un oficial a la estación. Los documentos lo dejaron más tranquilo. ¡Qué suerte alejarse de aquel hombre en un vagón de primera clase, rodeado de atenciones!

Mientras el tren pasaba, los campos corrían como niños, uno detrás de otro, uno detrás de otro: árboles, casas, puentes... ¡Qué suerte alejarse de aquel hombre en vagón de primera!...

... Uno detrás de otro, uno detrás de otro, uno detrás de otro... La casa perseguía al árbol, el árbol al puente, el puente al río, el río a la montaña, la montaña a la nube, la nube al camino, el camino al campesino, el campesino al animal... Cara de Ángel seguía la tierra baja, caliente, de la costa con los ojos perdidos de sueño. Le confundía el sentimiento de ir en el tren, de no ir en el tren, de irse quedando atrás del tren, cada vez más atrás del tren, más atrás, cada vez más atrás, cada vez, cada vez, cada ver[54], cada vez, cada ver, cada ver... Las estaciones seguían a las estaciones. El tren corría sin pararse. Una aldea vino, anduvo por allí y se fue por allá, una aldea de casas alrededor de la iglesia. Aquella tierra de constante primavera era su tierra, su cariño, su madre. Y por mucho que volviera a la vida al dejar atrás aquellas aldeas, siempre estaría muerto entre los vivos, oscurecido entre los hombres de los otros países por ese recuerdo...

El tren empezó a frenar en las calles de un pueblecito, se paró poco a poco, bajaron los pasajeros de segunda clase y siguió andando cada vez más despacio hacia el puerto. Cara de Ángel saludó desde lejos al Comandante[55] del Puerto que esperaba en la estación –¡mayor Farfán!...–, feliz de encontrarse en una situación tan peligrosa al amigo que le debía la vida –¡mayor Farfán!...

Farfán lo saludó desde lejos, le dijo por una de las ventanillas que no se ocupara de su equipaje, que ahí venían unos soldados para llevárselo al barco. Al parar el tren subió a darle la mano demostrando alegría por el encuentro.

–Pero ¿qué es de su vida? ¿Cómo le va?

–¿Y a usted, mi mayor? Aunque no se lo debía preguntar, porque se le ve en la cara...

El vagón había quedado vacío. Farfán sacó la cabeza por una de las ventanillas y dijo en voz alta:

–Teniente, mande que vengan por el equipaje.

A estas palabras asomaron a las puertas grupos de soldados con armas. Cara de Ángel comprendió el engaño demasiado tarde.

–¡De parte del Señor Presidente –le dijo Farfán con la pistola en la mano–, está usted detenido!

–¡Pero mayor! Si el Señor Presidente... ¿Cómo puede ser? Hágame el favor..., permítame mandar un telegrama.

–¡Las órdenes son muy claras, don Miguel, y es mejor que se esté quieto!

–Como usted quiera, pero yo no puedo perder el barco...

–¡Silencio y entrégueme todo lo que lleva encima!

–¡Llevo instrucciones secretas del Señor Presidente, y suya será la responsabilidad!

–Teniente, ¡quítele todos los documentos al señor! ¡Vamos a ver quién puede más!

–Ya veo, mayor –dijo Cara de Ángel temblándole la voz–, ¡bonita manera de ganar la amistad del Señor Presidente!

–Calle si no quiere... –pero Farfán no terminó la frase porque en ese momento un tipo con la cara tapada por una bufanda surgió de la sombra: alto como Cara de Ángel, pálido como Cara de Ángel, medio rubio como Cara de Ángel. Recibió lo que el teniente le quitaba al verdadero Cara de Ángel (pasaporte, cheques, argolla* de matrimonio, mancuernas*...) y desapareció en seguida.

La sirena[56] del barco se oyó mucho después. El preso se tapó los oídos con las manos. Las lágrimas le tapaban los ojos. Habría querido

El Señor Presidente

romper las puertas, escapar, correr, volar, pasar el mar, no ser el que se estaba quedando, sino el otro, el que con su equipaje y su nombre se alejaba en el barco en dirección a Nueva York.

XXVI

GALLINA CIEGA[57]

EL día del viaje... «¡Hace tantas horas que se fue!» El día del viaje se cuentan las horas hasta juntar muchas, las necesarias para poder decir: «¡Hace tantos días que se fue!». Pero dos semanas después se pierde la cuenta de los días y entonces: «¡Hace tantas semanas que se fue!». Hasta un mes. Luego se pierde la cuenta de los meses. Hasta un año... Luego se pierde la cuenta de los años...

Camila esperaba al cartero en una de las ventanas de la sala, escondida detrás de las cortinas para que no la vieran desde la calle; estaba esperando un hijo y le cosía ropita.

El cartero se hacía oír desde muy lejos. Toquido a toquido se iba acercando hasta llegar a la ventana. Camila dejaba de coser y, al verlo, el corazón le saltaba en el pecho de esperanza. ¡Ya está aquí su carta! «Mi muy querida Camila. Dos puntos.» Pero el cartero no tocaba... Sería que... Tal vez más tarde... Y seguía cosiendo, cantando para quitarse la pena.

El cartero pasaba de nuevo por la tarde. Fría, hecha toda oídos, se quedaba esperando el toquido que no llegaba. Acaso... Un olvido del cartero...

Y así un mes, dos meses, tres, cuatro...

El Señor Presidente

Desapareció de las habitaciones que daban a la calle porque la pena se hacía cada vez más pesada y la arrastraba poco a poco hacia el fondo de la casa. Pero un buen día salió. Sentada en un coche, tratando de no mirar a los conocidos –casi todos escondían la cara para no decirle adiós–, estuvo dudando si debía o no ir adonde el Presidente. Su desayuno y comida era un pañuelo mojado por las lágrimas. Casi se lo comía en la sala de espera. ¡El Presidente! De pensarlo se sentía molesta. Su hijo le daba golpecitos en el vientre, como diciéndole: «¡Vámonos de aquí!». Las voces de los que esperaban. Los pasos de los oficiales del Estado Mayor. Los movimientos de un soldado que limpiaba las ventanas. Los golpecitos del ser que llevaba en el vientre. Las moscas.

El Presidente no la recibió. Alguien le dijo que era mejor pedir una cita. Telegramas, cartas, escritos en papel oficial... Todo fue inútil; no le contestó.

Escribió al consulado de Nueva York, al ministro de Washington, al amigo de una amiga, al cuñado de un amigo pidiendo información sobre su marido, sin tener ninguna respuesta. Por un comerciante[58] supo que el secretario de la Embajada[59] de Estados Unidos tenía noticias ciertas de la llegada de Cara de Ángel a Nueva York. «Y ahora lo están buscando –le decía el comerciante– y vivo o muerto tienen que encontrarlo, aunque parece ser que de Nueva York siguió en otro barco para Singapur.»

En Nueva York o en Singapur... ¡Qué peso se le quitaba de encima! ¡Qué alegría tan grande sentirlo lejos –saber que no lo habían matado en el puerto, como decía la gente–, lejos de ella, en Nueva York o en Singapur, pero con ella en el pensamiento!

Entonces comprendía por qué no la había escrito, ella también tenía un papel en esa obra: el papel de la mujer abandonada que corre a buscar al que la abandonó..., o el de la esposa que quiere estar al lado de su marido en el momento difícil de dar a luz[60].

El billete del barco comprado, el equipaje preparado, todo listo ya para partir, por orden superior le negaron el pasaporte. Gastó mucho dinero en telegramas al Presidente. No le contestó. Nada podían los ministros. El Secretario de la Guerra le rogó que no insistiera, que su marido había querido jugar con el Señor Presidente y que todo era inútil.

Muy delgada, la cara tan arrugada como la de una gata vieja, cuando apenas tenía veinte años, ya sólo ojos, ojos verdes, dio a luz un niño y por consejo del médico se fue a vivir al campo.

Sólo un día volvió a ser un poco feliz, el día en que su hijo recibió con el agua y la sal el nombre de Miguel. Sin saber por qué, como si la vida volviera a vivir en ella, al terminar el bautizo, apretó a su hijo contra su corazón.

El pequeño Miguel creció en el campo, fue hombre de campo, y Camila no volvió a poner los pies en la ciudad.

XXVII

DESAPARECIDO

L A luz llegaba cada veintidós horas hasta los techos altísimos. Y cada veintidós horas, con la luz, llegaba la lata de gasolina en la que bajaban la comida de los presos que estaban en las celdas[61] del sótano.

Al ver la lata de sopa llena de grasa con pedazos de carne en malas condiciones, trozos de tortilla y otros restos, el preso de la diecisiete volvió la cara. Aunque se muriera de hambre no comería nada; y por días y días la lata bajó y subió sin que la tocara. Pero la necesidad le fue rodeando; le crecieron los ojos; comenzó a hablar en voz alta mientras se paseaba por la celda que no daba para cuatro pasos; se tiró de las orejas frías y un buen día, al caer la lata, como si alguien fuera a quitársela de las manos, corrió a meter en ella la boca, las narices, la cara, el pelo, ahogándose por tragar y respirar al mismo tiempo. No dejó nada, y cuando tiraron de la cuerda vio subir la lata vacía con el gusto del animal satisfecho. Pero del gusto al dolor hay muy pocos pasos, y la comida fue devuelta entre palabras y quejas.

Ya la luz se iba, aquella luz que se estaba yendo desde que venía. Pudo medio sentarse, poner la cabeza contra la pared y cerrar los ojos que le pesaban. Pero no durmió a gusto; respiraba con dificultad por falta de aire, sus manos iban y venían por su garganta para intentar arrancarse ese fuego encendido que le quemaba por dentro; y ya medio despierto, empezó a abrir y cerrar la boca como un pez sin agua, y a repetir con voces que bien pronto fueron gritos... Agua, sopa, sal, grasa, algo; agua, sopa...

El agua que comenzó a bajar por las paredes le tocó las manos. Se quitó la sed pasando la lengua por las piedras sin saber a quién debía aquel regalo que tanto le iba a hacer sufrir después. Horas y horas pasaba subido en la piedra que le servía de almohada, para salvar los pies del charco que, con la lluvia del invierno, crecía cada vez más en la celda. Horas y horas mojado hasta la cabeza, molesto porque tenía hambre y ya tardaba la lata de la sopa.

Más tarde bajaba el cubo en el que los presos hacían sus necesidades más personales. La primera vez que el de la diecisiete lo oyó bajar, creyendo que se trataba de una segunda comida —en esa época no quería probarla—, lo dejó subir sin imaginarse lo que era. Olía tan mal como la sopa. Pasaban este cubo de celda en celda y llegaba a la diecisiete casi a la mitad. ¡Qué terrible oírla bajar y no tener ganas, y tener ganas cuando tal vez acababa de perderse el ruido que producía chocando contra las piedras de las paredes! Entonces, cuando se iban las ganas, a esperar veintidós horas entre dolores de tripa, lágrimas y malas palabras.

Dos horas de luz, veintidós horas de oscuridad completa; una lata de sopa y un cubo sucio y de mal olor; sed en verano y en invierno el agua y los charcos. Ésta era la vida en aquellos sótanos de las cárceles.

... ¡Cada vez pesas menos —el preso de la diecisiete ya no se conocía la voz—, y cuando el viento pueda arrastrarte te llevará a donde Camila espera que regreses! Estará sufriendo mucho de tanto esperar. ¡Qué importa que tengas las manos tan delgadas! ¡Ella les dará

El Señor Presidente

vida con el calor de su pecho!... ¿Sucias?... Ella las lavará con sus lágrimas...

Su cuerpo, casi totalmente destruido, recordaba a Camila como se huele una flor o se oye un poema. Se la imaginaba bajo el aspecto de la rosa que por abril y mayo aparecía año tras año en la ventana del comedor donde de niño desayunaba con su madre. Una serie repetida de mañanas de su infancia lo dejaban confundido. La luz se iba. Se iba... Aquella luz que se estaba yendo desde que venía. ¡Ah, si la rosa aquélla, blanca como la leche del desayuno...! ¡Camila...! ¡Esa rosa...!

Con el paso de los años se hizo viejo el preso de la diecisiete, aunque más gastan las penas que los años. Sin aire, sin sol, sin movimiento, casi ciego, lo único y último que vivía en él era la esperanza de volver a ver a su esposa. Sólo seguía vivo ese amor que mantiene el corazón con vida cuando ya el cuerpo se nos muere con los años.

* * *

El director de la Policía Secreta se puso más cómodo en su silla, tomó nuevamente el bolígrafo y continuó escribiendo:

... y obedeciendo instrucciones, un hombre llamado Vich, con engaños, logró hacerse amigo del preso de la celda número diecisiete, después de dos meses. De la amistad a las palabras, el preso de la diecisiete le preguntó qué crimen había realizado contra el Señor Presidente para estar allí donde acaba toda esperanza humana. Vich no respondió nada, como no queriendo hablar; pero el de la celda diecisiete insistió tanto que acabó por contarlo todo: «Había venido de un país lejano buscando un lugar tranquilo. Aquí encontró un sitio ideal para los extranjeros... Amigos, negocios, dinero, todo... De pronto, una señora en la calle, los primeros pasos detrás de ella sin tener seguridad, casi a la fuerza... Casada... Soltera... Viuda... ¡Lo único que sabe es que debe ir detrás de

ella! ¡Qué ojos verdes tan bonitos! ¡Qué boca! ¡Qué cuerpo! Quiere conseguir su amor, pasea delante de su casa... Y desde el momento en que intenta hablar con ella, no la vuelve a ver y un hombre a quien él no conoce empieza a seguirlo por todas partes como su sombra... Amigos, ¿de qué se trata?... Los amigos no le contestan. Piedras de la calle, ¿de qué se trata?... Las piedras de la calle tiemblan al oírlo pasar. Paredes de la casa, ¿de qué se trata?... Las paredes de la casa tiemblan de oírlo hablar. Todo lo que llega a saber es que ha sido imprudente: había querido enamorar a la preferida del Señor Presidente. Una señora que, según supo luego, era hija de un general y hacía aquello porque había llegado a odiar a su marido que la abandonó...».

Nuestro hombre informa de que, al oír estas palabras, el preso se le acercó y le pidió que repitiera el nombre de esa señora, nombre que por segunda vez dijo Vich...

Desde ese momento, el preso empezó a rascarse como si le picara el cuerpo que ya no sentía, se hirió la cara con las uñas por secarse las lágrimas y se llevó la mano al pecho sin encontrarse: una delgada tela de polvo húmedo había caído al suelo.

Siguiendo las instrucciones entregué personalmente al señor Vich los seis mil pesos por el tiempo que estuvo en la cárcel. La muerte del preso de la celda número diecisiete se escribió en los libros de la cárcel de la siguiente manera: «N. N.: disentería pútrida[62]».

Es todo lo que tengo el gusto de informar al Señor Presidente...

EPÍLOGO

Empezaban a salir los empleados de los almacenes. Los autobuses iban tan llenos que no cabía una gente*. Alguna vez un coche de caballos, una bicicleta. Un momentito de vida en la ciudad.

Pasó frente a la Catedral, refugio de mendigos y gentes de mala vida. Unos pocos pasos más y ya estaba en la esquina del Palacio del Obispo. El pañuelo bañado en lágrimas frías y el espíritu que se le escapaba del cuerpo. La mesonera, que tantos años había esperado noticias de Lucio Vázquez, por fin acababa de saberlo. La cárcel, el dolor, la pena de muerte...

—No era malo el hombre... —suspiró la mesonera, mientras pasaba por entre las pocas piedras que quedaban de lo que había sido el Portal del Señor.

Unos pasos más adelante se encontró con un grupo de mujeres. Iban a misa rezando con voz monótona:

—Por los que están a punto de morir...

—Para que la paz nazca de todos los Gobiernos...

—Por los que son perseguidos injustamente...

—Por los espíritus de todos los que ya han muerto...

ACTIVIDADES

Antes de leer

1. Lee la biografía del autor que aparece en la página 3 y marca cuáles de las siguientes afirmaciones son verdaderas.
   a. Miguel Ángel Asturias es hispanoamericano. ☐
   b. Tuvo contacto con grandes poetas, intelectuales y artistas. ☐
   c. En sus obras hay un claro compromiso social. ☐
   d. Esta novela trata sobre varias dictaduras latinoamericanas. ☐

2. La novela *El Señor Presidente* está inspirada en el dictador guatemalteco Manuel Estrada Cabrera. Lee su biografía y complétala.

> secreta   provisional   abogacía   mandato   malversado
> régimen   ministro   derrocado   reelección

Manuel Estrada Cabrera nació en Quetzaltenango (Guatemala) el 21 de noviembre de 1857. Tras ejercer varios años la (a) _____, en 1892 se convirtió en (b) _____ de Estado del gobierno delpresidente José María Reina Barrios. Cuando este fue asesinado a principios de 1898, Estrada Cabrera fue nombrado presidente (c) _____ y, a finales de ese mismo año, fue elegido presidente constitucional de la República. Durante su primer (d) _____ actuó de acuerdo con la Constitución, pero después la reformó para asegurarse la (e) _____ al final de cada presidencia, lo que logró sucesivamente en 1904, 1910 y 1916.

Estableció un (f) _____ dictatorial cuyos principales valedores eran el Ejército y la policía (g) _____. Aunque al principio impulsó el desarrollo económico, la economía guatemalteca se fue deteriorando poco a poco, al mismo tiempo que crecía su fortuna personal.

El Señor Presidente

En 1920 su gobierno fue (h) _____ por un movimiento revolucionario que llevó a la presidencia provisional de la República a Carlos Herrera y Luna. Manuel Estrada Cabrera falleció en una cárcel de la ciudad de Guatemala el 24 de septiembre de 1924, tras haber sido obligado a reembolsar al Erario Público el dinero que había (i) _____ durante su gestión.

Durante la lectura

Capítulo I

3. Después de leer este capítulo, selecciona los cuatro hechos que ocurren y ordénalos.
   ☐ a. A veces los mendigos oían los gritos de un idiota.
   ☐ b. El idiota enloquecido terminó con la vida del coronel Parrales.
   ☐ c. En el Portal del Señor dormían los mendigos todas las noches.
   ☐ d. El idiota se volvía loco cuando oía la palabra «madre».
   ☐ e. El Presidente vio todo lo que ocurrió desde la ventana de su casa.

4. Reflexiona sobre las siguientes cuestiones y coméntalas con tus compañeros.
   a. ¿Por qué crees que el idiota se vuelve loco cuando oye la palabra «madre»? ¿Qué actitud tiene la gente con él? ¿Se compadecen de él?
   b. ¿Cómo se comportan los mendigos que duermen en el Portal del Señor? ¿Entiendes su comportamiento?
   c. ¿Por qué crees que los mendigos se escondían cuando oían el ruido de las botas?

Capítulo II

5. Lee el capítulo. Relaciona cada uno de estos sentimientos con el personaje correspondiente del capítulo y anota las oraciones que te han ayudado.

   furia   valentía   desprecio

6. ¿Cuál crees que es la verdadera razón por la cual torturan a los mendigos? ¿Por qué es irónica la situación del testigo ciego? Escribe tus respuestas.

ACTIVIDADES

7. En este libro hay una protesta contra el régimen dictatorial de Manuel Estrada. ¿Qué reflejo se hace en este capítulo de la dictadura? Coméntalo con tus compañeros.

Capítulo III

8. Lee el capítulo. ¿Qué diferencias hay entre los dos hombres que ayudan al Pelele? ¿Cómo se refleja en estos dos personajes la sociedad del momento? Escribe tus respuestas.

Capítulo IV

9. 🔘 Escucha este capítulo y toma notas sobre estos aspectos. Después, léelo y comprueba tus respuestas.
   a. ¿Dónde ocurre?
   b. ¿Qué personajes intervienen?
   c. ¿Qué ocurre?
   d. ¿Cómo acaba?

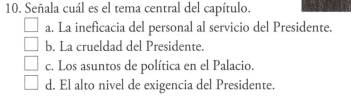

10. Señala cuál es el tema central del capítulo.
    ☐ a. La ineficacia del personal al servicio del Presidente.
    ☐ b. La crueldad del Presidente.
    ☐ c. Los asuntos de política en el Palacio.
    ☐ d. El alto nivel de exigencia del Presidente.

Capítulo V

11. Lee el capítulo. ¿Con quién se compara a Miguel Cara de Ángel? ¿Qué relación hay entre el dictador y Cara de Ángel? ¿Cómo se comporta Cara de Ángel con el dictador? Escribe tus respuestas.

12. Lee este resumen. Encuentra y corrige los cuatro errores que aparecen.

> Al Señor Presidente le interesa que el general Canales sea asesinado al fugarse del país. Por ello, pide a Cara de Ángel, su agente favorito, que lo busque y le aconseje, como si fuera cosa suya, que se esconda esa misma noche, pues será juzgado al amanecer del día siguiente acusado falsamente del secuestro del coronel Parrales Sonriente.

El Señor Presidente

13. Escribe un resumen contando cuál era el plan de Cara de Ángel.

14. ¿Qué crees que significa la última oración? Coméntalo con tus compañeros.

«Cara de Ángel llevaba en las manos la cabeza del general y algo más.»

Capítulo VI

15. Lee el capítulo. Corrige las afirmaciones incorrectas.
    a. Quieren culpar a Canales porque aspira a ser presidente de la República.
    b. Los policías quieren matar al Pelele porque al Presidente le molestan sus gritos.
    c. El Obispo no hace nada porque no le permiten entrometerse en los asuntos del Gobierno.

Capítulo VII

16. ② Escucha este capítulo, anota los personajes que intervienen y completa el esquema. Después, léelo y comprueba tus respuestas.
    Personajes: _____
    _____

    Situación inicial: _____
    _____

    Conflicto: _____
    _____

    Solución: _____
    _____

ACTIVIDADES

17. Señala cuáles de estos sentimientos experimenta Canales y escribe por qué.

☐ alegría   ☐ temor   ☐ pena   ☐ rabia

☐ celos   ☐ nerviosismo   ☐ nostalgia

Capítulo VIII

18. Lee el capítulo. ¿Crees que en este capítulo hay un cambio de actitud en Cara de Ángel? Si es así, ¿a qué crees que se puede deber? ¿En qué partes del texto crees que se refleja ese cambio? Señálalas.

Capítulo IX

19. (3) Antes de leer el capítulo, escúchalo y señala cuáles de las siguientes afirmaciones son verdaderas.

a. La mesonera da refugio en su casa a Cara de Ángel   ☐
y a Camila.

b. Camila está completamente desorientada y perdida   ☐
por todo lo que está pasando.

c. Cara de Ángel consuela a Camila cuando esta   ☐
se entera de la verdad.

d. A Camila los ojos de Cara de Ángel no le producen   ☐
ninguna confianza.

20. Ahora, lee el capítulo, comprueba tus respuestas y corrige las afirmaciones falsas.

21. Explica qué significan estas dos oraciones extraídas del texto.

a. *«El agua que llenaba la taza tomó el color de persona con miedo.»*

b. *«… ¿Esa tarde hace muchos años o esa tarde hace pocas horas?»*

El Señor Presidente

Capítulo X

22. Fíjate en el título de este capítulo. ¿De qué crees que puede tratar? Léelo y comprueba tus hipótesis.

23. Completa estas oraciones.
    a. En este capítulo parece que Cara de Ángel se _____ _____ , aunque todavía está dividido entre la política y el amor.
    b. Juan Canales rechaza la petición de Cara de Ángel porque _____ _____ .
    c. En este capítulo se vuelve a ver el poder del régimen en _____ _____ .
    d. Juan Canales anticipa a Cara de Ángel que _____ .

Capítulo XI

24. Lee el capítulo. ¿Qué descubre Camila en este capítulo? ¿Y Cara de Ángel? Escribe tus respuestas.

Capítulo XII

25. **4** Escucha este capítulo y completa la sucesión de los hechos.

> Cara de Ángel y Camila van a casa de Juan Canales para pedirle que la acoja en su casa.

▼

▼

▼

> Cara de Ángel se pone a llorar por primera vez tras la muerte de su madre.

Capítulo XIII

26. Lee el capítulo. Escribe las preguntas a las siguientes respuestas.
    a. Porque lo envidia.
    b. Le dice que Cara de Ángel no es culpable de la fuga del general.
    c. Que Cara de Ángel colaboró para que la policía lo matara.
    d. A los otros dos sí los considera culpables.
    e. Porque sabe demasiado.

Capítulo XIV

27. ¿Qué crees que significa el título del capítulo? Coméntalo con tus compañeros. Después, lee el capítulo y comprueba tu respuesta.

28. Completa el texto con las palabras adecuadas, según la historia.

> El Auditor de Guerra entrevista a (a) _____ sobre la muerte del (b) _____ . Este dice que no es culpable de esa muerte, aun así es castigado duramente por la (c) _____ . El Auditor entrevista después a (d) _____ y este le dice que mató al ciego por órdenes del (e) _____ .

Capítulo XV

29. Lee este capítulo y relaciona estas oraciones con Camila o Cara de Ángel. Algunas pueden referirse a ambos.
    a. Cae enfermo/a.
    b. Está enamorado/a.
    c. Se enfurece por los comentarios de la gente.
    d. Se acuesta y piensa en lo ocurrido esa noche.
    e. Se siente solo/a en el mundo.
    f. Se está volviendo más sensible.
    g. Está descubriendo la maldad de la gente y lo cruel que es el mundo.

El Señor Presidente

Capítulo XVI

30. (5) Antes de leer el capítulo, escúchalo y resume en una línea el contenido de cada uno de los informes que recibe el Señor Presidente.
    a. Alejandra, viuda de Bran: _____
    b. Prudencio Perfecto: _____
    c. Nicomedes Acituno: _____
    d. Lucio Vázquez: _____
    e. Catarino Regisio: _____
    f. Alfredo Toledano: _____
    g. Adelaida Peñal: _____

31. Ahora, lee el capítulo y comprueba tus respuestas.

Capítulo XVII

32. Lee el capítulo. Explica por qué no son del todo correctas estas oraciones.
    a. Cara de Ángel salva la vida del mayor Farfán de manera altruista.
    b. Farfán le está muy agradecido a Cara de Ángel por salvarle la vida y asegura que guardará el secreto.
    c. Los consejos de Cara de Ángel al mayor son, esta vez, bienintencionados.

33. En este capítulo se ve claramente el cambio de actitud de Cara de Ángel. Anota el fragmento donde se recoge este cambio. ¿Crees posible que el amor pueda transformar a alguien tanto en tan poco tiempo? Coméntalo con tus compañeros.

Capítulo XVIII

34. En su huida el general Canales se encuentra con un indio que se está escondiendo de la policía. El indio le dice al general que él ha robado, pero que no es un ladrón. Teniendo en cuenta lo que ya sabes de la dictadura, ¿qué crees que le puede haber pasado al indio para decir eso?

35. Ahora, lee el capítulo y comprueba tu respuesta.

ACTIVIDADES

36. Reflexiona sobre estos aspectos. Escribe tus respuestas.
   a. ¿Qué opinas de la historia que cuenta el indio?
   b. ¿Qué sentimientos te inspira la situación del indio?
   c. ¿Qué otros ejemplos de corrupción política y de injusticias han aparecido hasta ahora en la novela?

Capítulo XIX

37. Lee el título de este capítulo y formula hipótesis sobre qué puede tratar.

38. 6 Ahora, escúchalo y comprueba tus hipótesis.

39. Explica el sentido figurado de la palabra *medicina* en esta frase.

   «¿Por qué no probar esta medicina cuando ya no quedaba ninguna esperanza?»

Capítulo XX

40. Lee el capítulo y señala la opción correcta.
   1. En este capítulo, el Señor Presidente:
      a. se burla del amor de Cara de Ángel y llora la pérdida de Parrales Sonriente.
      b. decide traicionar a su agente favorito por considerarlo un traidor.
      c. acusa a Cara de Ángel de deslealtad hacia él y hacia la patria.
   2. El Señor Presidente no está contento porque Cara de Ángel:
      a. no lo ha invitado a su boda y, además, lo ha hecho en secreto.
      b. se ha casado con la hija de un enemigo y porque no ha sido consultado.
      c. se ha casado guiado por las supersticiones de las vecinas.

41. ¿Crees que el Señor Presidente sigue confiando en Cara de Ángel? ¿De qué le advierte el Secretario de la Guerra a Cara de Ángel? ¿Cuáles crees que pueden ser los planes que tiene el Señor Presidente para Cara de Ángel?

El Señor Presidente

Capítulo XXI

42. Lee el capítulo. Relaciona el principio y el final para formar oraciones completas.

1. Cara de Ángel y Camila viven juntos
2. Camila y Cara de Ángel
3. Tras la enfermedad, Camila se encuentra
4. Camila se siente
5. El matrimonio se siente un poco

a. incómodo porque no había pedido casarse.
b. desorientada por los cambios que se han producido en su vida.
c. están enamorados.
d. en una casa de verano donde Camila se recupera.
e. aún bastante débil.

Capítulo XXII

43. ⑦ Antes de leer el capítulo, escúchalo y describe la ilustración de la página 81.

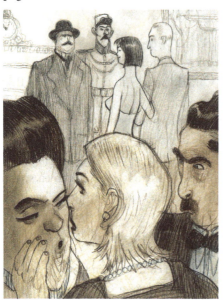

¿Quiénes son los personajes que aparecen?
¿Dónde están?
¿De qué hablan?

44. Ahora, lee el capítulo y comprueba tus respuestas.

110

Capítulo XXIII

45. Después de leer este capítulo, señala cuáles de los siguientes hechos no es posible que sucedan en los próximos capítulos.

☐ a. Todo el mundo se alegra por la boda de Miguel y Camila.

☐ b. El general Canales dirige la revolución y gana.

☐ c. Camila sufre mucho por lo sucedido a su padre.

☐ d. Camila se reencuentra con su padre.

Capítulo XXIV

46. En este capítulo el Señor Presidente pide a Cara de Ángel que vaya a Washington. Teniendo en cuenta lo que ya sabes de estos dos personajes, ¿cuáles de estos comentarios crees que serían posibles?

a. Cara de Ángel: «Me encantará viajar a Estados Unidos y sabe que me tiene a sus órdenes para todo lo que necesite».

b. Cara de Ángel: «Preferiría quedarme aquí a su servicio».

c. Presidente: «Bueno, podría plantearme la posibilidad de enviar a otro en tu lugar».

d. Presidente: «Soy yo quien da las órdenes aquí».

e. Presidente: «Ya no eres mi hombre de confianza».

47. Lee ahora el capítulo y comprueba tus hipótesis. ¿Para qué quiere el dictador mandar a Cara de Ángel a Washington? ¿Cuál crees que es en realidad el objetivo de ese viaje?

Capítulo XXV

48. Lee este capítulo y explica cuándo y por qué se dan las siguientes situaciones.

• Profunda tristeza entre los dos enamorados.

• Alivio por huir de una situación desagradable.

• Traición de un amigo.

• Desesperación al descubrir el engaño

El Señor Presidente

49. Describe el estado de ánimo de Miguel en el tren al ver el paisaje.

50. ¿Qué opinas del comportamiento de Cara de Ángel? ¿No crees que una persona que conoce perfectamente las maniobras del dictador habría actuado de otra forma? Coméntalo con tus compañeros.

Capítulo XXVI

51. 🔴8 Antes de leer el capítulo, escúchalo y contesta a estas preguntas.
    a. ¿Quién es el protagonista?
    b. ¿Qué otros personajes se mencionan?
    c. ¿Cuál es el tema principal?
    d. ¿Qué sentimientos inspira este capítulo?

52. Ahora, lee el capítulo y comprueba tus respuestas.

Capítulo XXVII

53. Lee el capítulo y completa estas oraciones.
    a. Cara de Ángel es encerrado…
    b. Las condiciones de la cárcel son…
    c. Vich es…
    d. Para torturar a Cara de Ángel, Vich…
    e. Según la policía, Cara de Ángel muere…

ACTIVIDADES

Epílogo

54. (9) Antes de leer el capítulo, escúchalo y marca la opción correcta en cada caso.
   1. ¿Qué opina la mesonera de Lucio Vázquez?
   a. Que era el hombre de su vida.
      b. Que, aunque era malo, había cambiado recientemente.
      c. Que, al fin y al cabo, era una buena persona.
   2. ¿Dónde transcurre la acción?
      a. En las ruinas del antiguo Portal del Señor.
      b. En el Portal del Señor, que ha sido reformado.
      c. En las afueras de la ciudad
   3. ¿Cómo acaba la historia?
      a. Unas mujeres rezan para que acaben los males del mundo.
      b. La mesonera va a misa para rezar por Vázquez.
      c. La mesonera se une a las mujeres que rezan.

55. Ahora, lee el capítulo y comprueba tus respuestas.

Después de leer

56. Después de haber leído la novela, ¿cómo describirías al dictador Manuel Estrada y a su régimen? Escríbelo y busca ejemplos en el texto que justifiquen tu respuesta.

57. ¿Qué sabes sobre la historia reciente de Guatemala? Busca información y escribe un texto breve sobre los principales acontecimientos de los siglos XX y XXI. Después, coméntalos con tus compañeros.

Catedral de Guatemala.

58. Esta novela gira en torno a la corrupción del Gobierno. ¿Conoces otros casos de corrupción política en otros países? ¿Cuál es tu opinión al respecto?

SOLUCIONES

1. Verdaderas: a, b, c.

   Falsas: d.

2. a. abogacía; b. ministro; c. provisional; d. mandato; e. reelección; f. régimen; g. secreta; h. derrocado; i. malversado.

3. 1-c; 2-a; 3-d; 4-b.

5. Furia: Auditor de Guerra. «¡Me van a decir la verdad!», «¡Entérese, entérese ya, si no lo sabe!».

   Valentía: El mendigo ciego. «No, porque esa es la verdad y yo no soy un cobarde».

   Desprecio: Auditor de Guerra y policías. «¡Hay que fajarlo!», «Viejo mentiroso. De nada hubiera servido su palabra, porque era ciego».

6. Para que culpen a otra persona, que es inocente. Todos los testigos que vieron lo ocurrido mienten. El único que no ha visto nada es el único que se atreve a decir la verdad.

8. El campesino es humilde, sencillo, compasivo y parece feliz con lo poco que tiene. El señor al que el campesino confunde con un ángel es elegante, arrogante y no ayuda mucho al Pelele. Los dos hombres son un reflejo de las grandes diferencias de clase.

9. a. En el Palacio presidencial. b. El Presidente, el general, el secretario y la criada. c. Un documento se ha manchado con tinta por culpa del secretario y el Presidente ordena que le den doscientos golpes. d. El secretario muere por los golpes recibidos.

10. b.

11. Con el diablo. Cara de Ángel es el agente de confianza del Presidente. Cara de Ángel no contradice nunca al Señor Presidente y siempre lo adula y ensalza.

SOLUCIONES

12. Al Señor Presidente le interesa que el general Canales sea asesinado al fugarse de su casa. Por ello, pide a Cara de Ángel, su agente favorito, que lo busque y le aconseje, como si fuera cosa suya, que se fugue esa misma noche, pues será arrestado al amanecer del día siguiente acusado falsamente de la muerte del coronel Parrales Sonriente.

13. A Cara de Ángel se le ocurrió fingir que la hija del general Canales y él se amaban, pero que la familia de ella no lo aceptaba y que por eso había pensado raptarla, con su consentimiento, esa misma noche para poder casarse.

14. Cara de Ángel tiene en sus manos el poder para acabar con la vida del general. Pero también tiene algo más: acaba de conocer a la hija de este y ahora sus planes también la involucran a ella.

15. a. Porque Canales es enemigo del Presidente. b. Porque no quieren que el Pelele confiese que él mató al coronel. c. Porque está de parte del Presidente.

16. Personajes: Cara de Ángel, general Canales, Camila, criada, policías y Presidente.
Situación inicial: Canales sale de casa de Cara de Ángel y sabe que lo quieren condenar por asesinato.
Conflicto: No quiere dejar a su hija, su trabajo y su país, pero tiene miedo de quedarse.
Solución: Decide marcharse para evitar que lo capturen, aunque es inocente.

17. Temor porque lo quieren matar. Pena por su hija y por todo lo que tiene que abandonar. Rabia porque es inocente. Nerviosismo porque tiene que huir rápido.

18. En este capítulo se ve un pequeño cambio en la actitud de Cara de Ángel, ya que parece que se siente atraído por la hija del general Canales. El cambio se puede ver en la parte del texto donde este se plantea si contarle todo al general Canales: «Pensó por un momento en volver atrás, llamar a casa de Canales y contarle todo lo que pasaba».

115

El Señor Presidente

19. Verdaderas: b.
Falsas: a, c, d.

20. a. Cara de Ángel y Camila se refugian en el mesón. c. Cara de Ángel consuela a Camila, pero esta no sabe la verdad. d. Camila se siente segura con Cara de Ángel y confía en él.

21. a. El autor relaciona el temor de Camila con el del agua de la taza. b. La vida ha cambiado tanto para Camila que le parece que han pasado años desde que salió de su casa, esa misma tarde.

22. Trata de la visita de Cara de Ángel a los familiares de Camila para pedirles que la acojan.

23. a. está enamorando de Camila. b. teme que el Presidente tome represalias. c. el miedo que produce en la gente, que hasta traicionan a sus propios familiares. d. ninguno de sus hermanos va a querer acoger a Camila en su casa.

24. Camila descubre que sus tíos la han abandonado. Cara de Ángel descubre que se está enamorando de Camila.

25. Cara de Ángel y Camila van a casa de Juan Canales para pedirle que la acoja en su casa. Cuando llegan a casa de su tío, Camila empieza a llamar a la puerta, cada vez más desesperada, pero nadie abre. Así que decide probar en casa de sus otros tíos, pero con la misma suerte. Camila se da cuenta de que no va a obtener ninguna ayuda de su familia. Cara de Ángel se pone a llorar por primera vez tras la muerte de su madre.

26. Posible respuesta:
a. ¿Por qué quiere sentenciar el Auditor a Cara de Ángel? b. ¿Qué le dice el Presidente al Auditor? c. Ante las dudas del Auditor de por qué Cara de Ángel ayudó a Canales a escapar, ¿qué le contesta el Presidente? d. ¿Considera culpables a los otros dos implicados en la fuga? e. ¿Por qué quiere el Presidente que Vázquez reciba un castigo?

28. a. Genaro Rodas; b. Pelele; c. policía; d. Lucio Vázquez; e. Presidente.

29. Camila: a, d, e, g. Cara de Ángel: b, c, d, f.

116

SOLUCIONES

30. Posible respuesta:
    a. En el mesón «El Tus-Tep» se esconde Eusebio Canales. b. En la frontera hay gente preparada para entrar en el país. c. Un letrero con el nombre del Presidente está medio destruido. d. Quiere hablar con el Presidente. e. El general Canales quería dirigir una revolución contra el Presidente. f. Cara de Ángel fue a visitar a Juan Canales. g. El mayor Farfán apoya al general Canales.

32. a. Cara de Ángel salva la vida del mayor Farfán porque quiere algo a cambio: salvar la vida de Camila. b. Quizás Farfán no sepa guardar silencio, porque se emborracha con frecuencia. c. Cara de Ángel tiene buenas intenciones al aconsejar a Farfán que se gane la amistad del Presidente, pero le aconseja que colabore en algún crimen, lo cual no es muy bondadoso por su parte.

33. «Al marcharse el mayor, Cara de Ángel se tocó para saber si él, que había empujado a tantos hombres hacia la muerte, era el mismo que empujaba ahora a un hombre hacia la vida.»

38. El capítulo trata de la boda de Miguel y Camila.

39. Sentido literal: producto que puede aliviar o curar una enfermedad. Sentido figurado: la solución a la muerte de Camila es casarse con Miguel.

40. 1-a; 2-b.

41. En este capítulo parece que el Presidente empieza a desconfiar de su agente favorito. El Secretario advierte a Cara de Ángel de que tenga cuidado porque están intentando perjudicarlo.

42. 1-d; 2-c; 3-e; 4-b; 5-a.

43. Los invitados a la fiesta del Presidente en su casa de campo. Hablan de Camila y de Cara de Ángel, y de su situación económica, ahora que Cara de Ángel no es amigo del Presidente y no recibe su dinero.

45. a; b; d.

46. b; d; e.

El Señor Presidente

48. Profunda tristeza entre dos enamorados: Camila y Miguel pasan su última noche juntos, antes de que este parta para Estados Unidos. Están muy tristes porque deben separarse y temen no volver a verse. Alivio por huir de una situación desagradable: Miguel se siente aliviado de alejarse del Presidente. Traición de un amigo: El mayor Farfán, a quién Miguel había salvado la vida, lo traiciona para ganarse la amistad del Presidente. Desesperación al descubrir un engaño: Miguel se siente desesperado y muy triste al darse cuenta de que no va a ir a Estados Unidos y de que otra persona va a robarle la identidad.

49. Miguel ve pasar casas, árboles, personas, pero realmente le da la sensación de que no está avanzando, sino de que se está quedando atrás. Eso se debe a que tiene miedo de que todo sea un engaño y de que le esté esperando la muerte.

51. a. La protagonista es Camila. b. También se menciona al Presidente y a Miguel, y al hijo de este, al que Camila llama también Miguel c. El tema principal es la tristeza de Camila porque no recibe noticias de su marido y su intento por encontrarlo o saber de él. d. Tristeza, desesperación, soledad.

53. Posible respuesta:
a. En una celda en un sótano a la que solo llega la luz dos horas al día. b. Son muy malas: escasa luz y falta de aire, humedades, comida en malas condiciones, soledad. c. Un hombre enviado por la policía secreta del Presidente para torturarlo. d. Cuenta a Cara de Ángel una historia falsa sobre su mujer, Camila. e. Por disentería, una enfermedad frecuente en las zonas tropicales.

54. 1-c; 2-a; 3-a.

NOTAS

Estas notas proponen equivalencias o explicaciones que no pretenden agotar el significado de las palabras y expresiones siguientes, sino aclararlas en el contexto de *El Señor Presidente.*

m.: masculino, *f.:* femenino, *inf.:* infinitivo.

[1] **mendigos** *m.:* personas muy pobres que piden dinero, comida u otra cosa para vivir.

[2] **lágrimas** *f.:* líquido que asoma a los ojos y cae por la cara cuando se está llorando.

[3] **El Pelele:** nombre que el autor da al idiota a partir de **pelele** (*m.*), que es un muñeco con figura de hombre, hecho de trapo o paja y que en algunas fiestas populares es golpeado, quemado o lanzado por el aire.

[4] **República** *f.:* forma de gobierno en la que el jefe de Estado es un presidente elegido por el pueblo o sus representantes.

[5] **coronel** *m.:* jefe militar (ver nota 19).

[6] **estaba amaneciendo** (*inf.:* **amanecer**): estaba apareciendo la luz del día.

[7] **Auditor de Guerra** *m.:* funcionario que en un tribunal militar interpreta y aplica las leyes del Ejército.

[8] **oído** *m.:* órgano que permite oír.

[9] **pulgares** *m.:* dedos más gordos y cortos de las manos, opuestos a los otros cuatro.

[10] **fuga** *f.:* acción y efecto de **fugarse** (*inf.*), que consiste en desaparecer, escapar.

[11] **indios** *m.:* antiguos habitantes de América y sus actuales descendientes.

[12] **INRIdiota:** forma inventada por el autor para expresar el sufrimiento del mendigo comparándolo con el de Jesucristo en el momento de su muerte. **INRI** (iniciales de Iesus Nazarenus Rex Iudaeorum) es la inscripción latina que por burla se colocó en la cruz de Cristo.

El Señor Presidente

[13] **cariñoteando:** forma de gerundio del supuesto verbo **cariñotear** (*inf.*), inventado por el autor, y que significa haciendo las cosas con cariño.

[14] **ángel** *m.:* en la religión católica, ser sobrenatural, espíritu puro que sirve a Dios.

[15] **navajazo** *m.:* herida hecha con una navaja (*f.*), arma parecida al cuchillo pero que se puede doblar.

[16] **Satán:** en la religión católica, diablo; es decir, príncipe de los espíritus del mal.

[17] **gobernar** *inf.:* dirigir un país.

[18] **detener** *inf.:* hacer preso, quitar la libertad a una persona que ha cometido un crimen u otra falta contra la ley.

[19] **oficiales** *m.:* en el Ejército, cualquiera de los grados militares siguientes: capitán, **teniente** (ver nota 30) y alférez. La categoría militar superior a los **oficiales** es la de los jefes, e incluye al **coronel** (ver nota 5), al teniente coronel y al **comandante** (ver nota 55) o **mayor** (ver nota 42).

[20] **cuarteles** *m.:* edificios militares donde viven y reciben instrucción los soldados.

[21] **pesos** *m.:* unidad monetaria de algunos países americanos y también de Filipinas y de Guinea-Bissau.

[22] **mesonera** *f.:* mujer que trabaja en un mesón, la dueña del establecimiento.

[23] **la que da el beso da el queso:** expresión popular para decir que la mujer que permite a su pareja dar el primer paso en las relaciones sexuales llegará también hasta las últimas consecuencias.

[24] **rapto** *m.:* acción y efecto de **raptar** (*inf.*), es decir, llevarse a una persona a la fuerza y mantenerla sin libertad en contra de su deseo.

[25] **obispo** *m.:* en la Iglesia católica, sacerdote que, además de dirigir los servicios religiosos, está encargado del gobierno de las iglesias de una determinada zona.

[26] **Policía Secreta** *f.:* cuerpo de policía cuyos miembros visten ropa de calle habitual, para que nadie los reconozca como tales.

[27] **rabia** *f.:* enfermedad contagiosa de algunos animales, especialmente el perro, que les produce horror al agua. Se puede transmitir al ser humano.

[28] **cintura** *f.:* parte del cuerpo más estrecha entre el tronco y la cadera.

[29] **patria** *f.:* país en que ha nacido o está nacionalizada una persona.

NOTAS

[30] **teniente** *m.:* militar con el grado de **oficial** (ver nota 19).

[31] **derecho** *m.:* posibilidad de hacer o exigir alguna cosa por estar así establecido o por considerar que se merece.

[32] **sin jerónimo de duda:** expresión inventada por el autor jugando con la fórmula habitual «sin género de duda», que significa sin ningún tipo o clase de duda.

[33] **revolución** *f.:* luchas producidas en un país entre los **revolucionarios** (*m.*), que defienden un cambio de la situación política y social, y los partidarios del poder establecido.

[34] **conservador:** que está a favor de que los cambios sociales realizados en un país no rompan violentamente con la situación anterior ni con los valores tradicionales. **Liberales**, aquí, opuestos a **conservadores**; en general, son los que defienden la no intervención del Estado en las relaciones económicas entre individuos, clases o naciones.

[35] **central de teléfonos** *f.:* oficina donde llegan las líneas de una red telefónica, que un empleado se encarga de conectar.

[36] **proceso** *m.:* informe escrito que recoge de forma oficial una serie de acciones relacionadas con un crimen, robo u otra falta.

[37] **pena de muerte, pena de la vida** *f.:* juego de palabras basado en el doble significado de **pena** (*f.*): por un lado, castigo, condena que pone la ley por un delito, crimen o falta; por otro lado, tristeza, dolor.

[38] **estaba de guardia** (*inf.:* **estar de guardia**): estaba trabajando, encargado de vigilar determinado lugar.

[39] **ante:** delante de, en lengua más culta y especialmente en informes, procesos, contratos u otros textos oficiales.

[40] **violó** (*inf.:* **violar**): obligó a una persona a tener relaciones sexuales por la fuerza.

[41] **pulmonía** *f.:* enfermedad grave producida por la inflamación de los pulmones.

[42] **mayor** *m.:* jefe militar (ver nota 19).

[43] **mujer pública** *f.:* mujer que mantiene relaciones sexuales a cambio de dinero.

[44] **mazorcas de maíz** *f.:* conjunto de granos gordos amarillos, que forman como una especie de cilindro grande y que son los frutos del **maíz** (*m.*), cereal de uno a tres metros de altura y de largas hojas verdes.

[45] **raza** *f.:* cada uno de los grandes grupos en que se dividen las personas por los rasgos de la cara, el color de la piel, del pelo, etc.

121

El Señor Presidente

[46] **Trópico** *m.:* región de la Tierra situada entre el trópico de Cáncer y el trópico de Capricornio.

[47] **le están haciendo la cama** (*inf.:* **hacerle la cama a alguien**): expresión popular que significa que están actuando con malas intenciones para crearle problemas; aquí, están poniendo en grave peligro a una persona acusándola ante las autoridades.

[48] **batalla de Verdún:** serie de episodios bélicos producidos entre los años 1916 y 1917, alrededor de la ciudad francesa de Verdún, donde los alemanes fueron derrotados por los franceses, decidiéndose así la suerte de la Primera Guerra Mundial.

[49] **baños** *m.:* baños públicos, es decir, lugares con aguas especiales, beneficiosas para el organismo.

[50] **volcanes** *m.:* montañas de las que salen gases, fuego y lava procedentes del interior de la Tierra. También se llaman así estas montañas aunque estén apagadas.

[51] **Estado Mayor:** en el Ejército, cuerpo de **oficiales** (ver nota 19) encargado de informar a los superiores, distribuir las órdenes y vigilar que estas se cumplan.

[52] **hijos de tío y puta:** fórmula peyorativa usada por el autor para referirse probablemente a los habitantes de Estados Unidos y de Gran Bretaña. Con **tío** (*m.*) se aludiría al Tío Sam, nombre humorístico que proviene de las siglas USA. **Puta** (*f.*) es la palabra vulgar por prostituta o **mujer pública** (ver nota 43). **Hijo de puta** es un insulto fuerte, bastante corriente en el español actual.

[53] **tijereteo, tijeretictac, tijeretic, tijeretac:** palabras inventadas por el autor a partir de la palabra «tijeras» y de «tictac», onomatopeya que evoca el ruido del reloj. Todas estas formas sirven para indicar el paso del tiempo a través de la imagen del reloj que lo corta segundo a segundo.

[54] **cada ver:** juego de palabras por similitud fonética entre «cada vez» y «cadáver». Un **cadáver** (*m.*) es un cuerpo sin vida, un muerto.

[55] **comandante** *m.:* jefe militar (ver nota 19).

[56] **sirena** *f.:* instrumento o aparato que produce un sonido fuerte, que se oye a gran distancia, usado por los barcos como señal para avisar de un peligro, o de su llegada y salida del puerto.

[57] **gallina ciega** *f.:* juego infantil que consiste en que uno de los participantes, con los ojos tapados, debe atrapar a otro y adivinar quién es. Aquí, se refiere a Camila, quien también, como una ciega, sin saber dónde debe buscar, trata de encontrar a su marido desaparecido.

NOTAS

[58] **comerciante** *m.:* persona que se dedica al comercio o que tiene un establecimiento comercial.

[59] **Embajada** *f.:* organización que se ocupa de representar los intereses de un país en los demás países del mundo.

[60] **dar a luz:** tener un hijo una mujer.

[61] **celdas** *f.:* en una cárcel, cada uno de los cuartos pequeños donde se encierra a los presos.

[62] **disentería pútrida** *f.:* enfermedad que provoca fuertes dolores de vientre, fiebre y diarrea. Es frecuente en zonas tropicales.

GLOSARIO DE AMERICANISMOS

Las palabras incluidas en este glosario van señaladas en el texto con un asterisco (*).

Las palabras **en negrita** son propias del español de América o tienen en América una acepción diferente de la que tienen en España. Son **los americanismos** propiamente hablando.

Las palabras en letra redonda no son verdaderos americanismos, pero se usan en España con menor frecuencia que en América.

m.: masculino, *f.:* femenino.

¡Aló!: saludo que se da al recibir una llamada telefónica, equivalente a ¡oiga!, ¡dígame!

amate *m.:* árbol de las regiones cálidas de México de frutos blandos, verdes y carnosos.

anteojos *m.:* gafas.

argolla *f.:* anillo de boda o matrimonio.

bartolina *f.:* cuarto estrecho, oscuro e incómodo en una cárcel.

bolsas *f.:* bolsillos.

botado: caído, tirado.

chance *m.:* oportunidad, ocasión.

chiquirín *m.:* pequeño insecto que produce un ruido del que se toma su nombre.

GLOSARIO DE AMERICANISMOS

el amor es fregado: expresión popular para decir que el amor es un asunto difícil y causa de muchos problemas.

estancia *f.:* casa y tierras en el campo.

estar fregado: expresión popular que significa estar perdido, es decir, no poder conseguir lo que se quiere.

fajar: pegar o golpear a alguien.

fósforo *m.:* cerilla.

guacal *m.:* recipiente semiesférico, de tamaño mediano, fabricado con el fruto del árbol del mismo nombre.

guayabo *m.:* árbol americano de flores blancas y olorosas.

güipil *m.:* camisa larga y sin mangas que usan las indias.

¡La gran flauta!: interjección que expresa sorpresa o queja.

mancuernas *f.:* gemelos, es decir, pareja de botones, unidos por una barrita o una cadenita, que se ponen en los puños de las camisas.

matilisguate *m.:* árbol americano de madera muy dura.

mengala *f.:* muchacha de pueblo.

meterse un puyón: tomarse un trago de una bebida de alcohol muy fuerte.

muy de a petate: dispuesto a todo.

ñañola *f.:* mamá, mamaíta, en lengua coloquial.

papá *m.:* padre.

por ahí no más: por ahí cerca.

potrear: tratar mal, pegar, golpear.

preste: hermano, en lengua coloquial.

raíz *(f.)* **de chiltepe:** parte del **chiltepe** *(m.)* que se encuentra bajo tierra. El **chiltepe** es una planta que da como frutos unos pimientos muy pequeños, rojos y de sabor muy fuerte. La **raíz** de esta planta es popularmente conocida por sus propiedades venenosas.

rancho *m.:* casa en el campo donde se crían caballos, gallinas, vacas y otros animales.

rascar el ala: expresión popular que indica el hecho de solicitar el amor de alguien del sexo opuesto.

son puro buenos: son muy buenos.

El Señor Presidente

suquinay *m.:* árbol pequeño y bajo que crece en tierras tropicales y tiene flores que huelen muy bien.

tata *m.:* tratamiento de consideración y respeto.

tirarse: matar, en lengua popular.

toquido *m.:* cada uno de los golpes que se dan a una puerta para solicitar la entrada a una casa.

una gente *f.:* una persona.

viejo: tratamiento familiar para el padre o el amigo, que no tiene ningún valor despectivo.

vuelto (el) *m.:* la vuelta, es decir, el dinero que se devuelve a alguien que no ha pagado la cantidad exacta que debía, sino más, por no tener dinero fraccionado.

zopilote *m.:* tipo de pájaro americano que se alimenta de animales muertos.

Títulos ya publicados de esta Colección

Nivel 6

* *Los Pazos de Ulloa.* Emilia Pardo Bazán
* *La Celestina.* Fernando de Rojas
* *El Señor Presidente.* Miguel Ángel Asturias

* *Adaptaciones*